Morwenna

Begegne deiner Fee

Illustrationen von
Christian M. Weiß

südwest

Inhalt

Einführung

Feen waren schon immer im Bewusstsein der Menschen. Es gibt kaum eine Kultur, die nicht einen reichen Sagenschatz und eine Fülle von Namen für Naturgeister und Elementarwesen besitzt.

In jüngerer Zeit ist es schwierig geworden, mit dem Feenreich oder, wie es auch genannt wird, der Anderswelt in Kontakt zu treten. Das liegt an unseren Seh- und Lebensgewohnheiten. Viele von uns leben in einem städtischen Umfeld und verbringen selbst in ihrer Freizeit viele Stunden in geschlossenen Räumen, so dass der Wechsel der Jahreszeiten kaum noch bewusst erlebt wird. Wie es aussieht, scheint unser modernes Leben wenig Platz für den Umgang mit Naturgeistern zu lassen.

In meiner Kindheit war die Nähe zu Feenwesen für mich ganz selbstverständlich. Der Kontakt zu ihnen spielte sich immer draußen in der Natur, an einem Bach oder auf einer Waldlichtung ab. Zum Glück widersprach mir meine Familie nie, wenn ich von meinen Beobachtungen berichtete, und ließ mir meine unverdorbenen Sehgewohnheiten. Unsere Sehgewohnheiten werden von Normen geprägt – von klein auf lernen wir, wie wir zu sehen haben. Was den Normen nicht entspricht, sehen wir irgendwann nicht mehr oder ignorieren es als sozusagen »unwirklich«.

Dennoch hat jede Kultur auf der ganzen Welt eine Vorstellung von Naturgeistern. Ihre Namen unterscheiden sich jedoch, und unsere Vorstellungen und Phantasie fügen optische Details hinzu. Wahrscheinlich würde kein Inder behaupten, die Devas trügen robuste bäuerliche Kleidung, wie es beispielsweise die schottischen Brownies tun. Der Grundgedanke von nichtmenschlichen, aber doch menschenähnlichen Wesen mit übernatürlichen Kräften bleibt jedoch völkerübergreifend gleich, und die Beschreibungen ähneln sich. Feen werden meistens als klein und zierlich beschrieben, ihre Kleidung ist häufig grün oder blau. Auch Kopfbedeckungen sind sehr verbreitet, oft ist von Kappen die Rede, denen teilweise magische Fähigkeiten zugeschrieben werden (Denken Sie an die berühmten Tarnkappen aus Sagen und Märchen!), oder von Hauben aus Blüten und Blättern. Ebenfalls übereinstimmend sind die Berichte über körperliche Besonderheiten, welche die Feen von Menschen unterscheiden. Am bekanntesten sind sicherlich die Flügel, die mit Feen, und die spitzen Ohren, die mit Elfen verbunden werden. Weitere typische Merkmale des Kleinen Volkes sind ungewöhnlich geformte und gefärbte Augen, einzelne Gliedmaßen von Tieren wie Klauen oder Hufe sowie bei den Wassergeistern auch Schwimmhäute.

Kontakt zur Welt der Feen

Es gibt eine Reihe von Theorien, die besagen, dass Feen rein geistige Geschöpfe sind und die Begegnungen mit ihnen sich lediglich als Projektionen in unseren eigenen Köpfen abspielen. Mit anderen Worten, statt einer Fee begegnet man immer sich selbst.

Ich habe andere Erfahrungen gemacht. Die Anderswelt ist jedoch so, wie ihr Name es ausdrückt: anders. Die vielfältigen Gestalten, die ein Naturwesen annehmen kann, wären für uns moderne Menschen oft nicht zu entschlüsseln, eine Verständigung, wie wir sie gewohnt sind, einfach nicht möglich. Deshalb ist es tatsächlich so, dass Naturwesen uns in ihrer Anpassungsfähigkeit und geselligen Unkompliziertheit entgegenkommen und sich uns so zeigen, dass sie von uns erkannt werden können. Jetzt ist eine gute Zeit dafür. Einerseits rückt die moderne Technik Menschen räumlich näher zusammen und bietet unzählige Möglichkeiten, Gleichgesinnte zu finden. Andererseits spüren immer mehr Menschen, wie weit sie sich von ihren eigentlichen Wurzeln entfernt haben. Das Bedürfnis, wieder eine engere Bindung zur Natur und ihren Kräften aufzubauen, wird im Feenreich gespürt und überwiegend wohlwollend aufgenommen.

Die Energie der Feen

Man kann viele Arten von Feenwesen unterscheiden, und je nach Region tragen sie andere Namen und werden von den Menschen in anderer Gestalt gesehen. Am einfachsten ist es, eine Fee an ihrer Ausstrahlung und ihrer Energie zu erkennen. Meistens ist die hervorstechendste Eigenschaft die Verwandtschaft mit einem der Elemente Feuer, Wasser, Luft, Erde oder reinem Geist.

Elementargeister (nach Paracelsus, 1493–1541)

Feuer: Salamander • **Wasser:** Nixen
Luft: Sylphen • **Erde:** Zwerge, Gnome

Ohne die verschiedenen Typen oder Völker der Feen zu kennen, kann man spüren, was für ein Wesen man vor sich hat: quecksilbrig, luftig, erdig, feurig, sanft oder auch aggressiv und unberechenbar. Entscheidend für Ihre Begegnung ist nicht, dass Sie die Fee mit dem korrekten mythologischen oder umgangssprachlichen Begriff belegen können, sondern dass Sie erfühlen, wes Geistes Kind Sie vor sich haben und danach entscheiden, ob Sie die Begegnung fortsetzen oder sich lieber zurückziehen wollen. Wie bei Menschen gibt es auch in Feenclans verschiedene Charaktere, so dass man nicht verallgemeinern, sondern sich auf den persönlichen Austausch verlassen sollte. Feen bestehen nicht aus ungefilterter Elementarenergie. Sie sind spirituelle, intelligente, fühlende Geschöpfe, mit denen man entsprechend umgehen sollte. Behandeln Sie sie mit der gleichen Höflichkeit wie Ihre Mitmenschen, und respektieren Sie dabei ihre Andersartigkeit, wie Sie das bei einem Besucher aus einem exotischen Land tun würden.

Einige Beispiele für Feenmythen rund um die Welt

ÄGYPTEN
HATHOR – Oberbegriff für alle Feen, die der Göttin Hathor unterstehen und unterirdisch leben.

AUSTRALIEN
BUNYIP – Sumpfwesen, die beim Fischfang helfen und angeblich nur von den Aborigines gesehen werden können.

BRETAGNE
ANKOU – Personifikation des »Gevatter Tod«.

GRIECHENLAND
DRYADEN – Baumnymphen, von denen gesagt wird, sie könnten ihren Baum nicht verlassen.

INDIEN
APSARAS – tanzende, verführerische Wassernymphen.

IRLAND
BANSHEE – warnt mit durchdringendem Schrei vor dem nahenden Tod.

LEPRECHAUN – Pfeife rauchende, oft übellaunige Feenschuster (»leith brogan« bedeutet »Schuhmacher«).

LHIANNAN-SHEE – Verführerin, die den ihr verfallenen Sterblichen die Lebensenergie raubt, auch die »dunkle Muse« genannt.

PUCK – meist bösartiger Kobold, der sich in ein wildes Pferd verwandeln kann.

ISLAND
Unterirdisch lebende TROLLE, die in reizvoller Gestalt Menschen in ihr Reich locken.

ITALIEN
MASSERIOL – männliche, hilfsbereite, jedoch hochnäsige Feen, die Farmer unterstützen.

JAPAN
CHIN-CHIN KOBAKAMA – Hausgeister, die die Ordentlichen schützen, die Schlampigen jedoch quälen.

JUGOSLAWIEN
HAMADRYADNIKS – Baumgeister, den Dryaden verwandt, aber menschenfeindlich.

MEXIKO
JIMANINOS – kommen am Tag der Toten zum Vorschein und treiben Schabernack.

NIEDERLANDE
ALVEN – Wassergeister, die in Gewässern leben und die Gestalt von Ottern annehmen können.

POLYNESIEN
MENEHUNA – helfen Verirrten und können Wünsche wahr werden lassen.

RUSSLAND
DOMOVOI – Hausgeister, die vor Feuer im Haus und Todesfällen in der Familie warnen.

SCHOTTLAND
PIXIES – typische Feen mit Flügeln, Blättergewand und Pilzkappe, eventuell von den Pikten abgeleitet.

BROWNIES – vergleichbar mit unseren Heinzelmännchen, den fleißigen, freundlichen Hausgeistern.

SCHWEDEN
HYLDERMODER – Urtyp der Feenpatin, die an der Wiege des Neugeborenen das Schicksal weissagt.

WALES
TYLWYTH TEG – besonders elegant gekleidete, meist weibliche Feen, die in matriarchalischen Clans organisiert sind.

BOOKHAS – Halbtierwesen mit Ziegen- oder Schweinekörpern, die Streiche spielen.

Feenmagie in der Stadt

Nach meinem Umzug in die Stadt glaubte ich, den Kontakt zu den Feen verloren zu haben. Die Berufstätigkeit ließ mir nicht genügend Zeit, die Stadt zu verlassen und nach neuen Begegnungsorten in der Natur zu suchen – bis mir klar wurde, dass das auch gar nicht nötig war.

Im letzten Jahr führte ich mein Mittsommer-Ritual auf dem Balkon eines Freundes durch, dessen Wohnung direkt an einer stark befahrenen Straße mitten in der Innenstadt liegt. Eigentlich ist das kein Ort, an dem man die Anwesenheit von Feen vermutet. Doch die Mittsommernacht gehört zu den Zeiten im Jahr, an denen die Feenmagie am stärksten in unserer Welt wirkt und der Zugang zur Anderswelt besonders leicht ist. Gerade deswegen wollte ich ein Ritual zu ihren Ehren durchführen.

Zu meinem Ritual gehörten eine Honigkerze, Rosenweihrauch, eine Schale mit süßem Gebäck und ein spezielles Feenglöckchen, dessen Klang das Kleine Volk anlocken soll. Als ich dieses Glöckchen läutete, wurde es plötzlich still. Der Verkehrslärm war nur noch gedämpft zu hören. Stattdessen erklang ganz deutlich ein Glockenläuten wie eine Antwort auf meines, gefolgt von hellem, fröhlichem Lachen. Die Tore zur Anderswelt standen weit offen, und ich verstand, dass sie das auch immer sein würden und ich das Feenreich von jedem Ort aus betreten kann.

Um diese Erfahrung mit Ihnen zu teilen, habe ich für dieses Buch für Begegnungen mit Feen auch Orte unseres menschlichen Alltags ausgewählt.

Wie Feen kommunizieren

Das Schöne am Volk der Feen ist, dass sie gern kommunizieren und meistens neugierig sind. Es ist sehr leicht, mit ihnen in Kontakt zu treten, und normalerweise antworten sie wohlwollend auf einen Ruf. Die hier beschriebenen Feen haben Verständnis für die Menschen und wie sie leben. Nicht alle Bewohner des Feenreichs sind uns so ähnlich, und nicht alle sind Menschen gegenüber so freundlich und aufgeschlossen.

Weil das Wesen von Feen und anderen Naturgeistern oft mit dem von Kindern verglichen wird, ziehen manche Menschen den Schluss, es gäbe dort keine Ernsthaftigkeit und keine Regeln. Es gibt sie aber, auch wenn sie vielleicht anders sind als in unserer Welt und seltsam und überraschend, oft auch unberechenbar erscheinen mögen. Der Vergleich mit Kindern ist insgesamt mit Vorsicht zu genießen: Feen haben mit Kindern vor allem die Unmittelbarkeit von Gefühlen und Wünschen gemeinsam, die Freude an allem Spielerischen und anderen unvoreingenommen zu begegnen. Ihr Wesen hat schelmenhafte und mutwillige Züge, und sie spielen hin und wieder Streiche. Wir dürfen dabei aber nicht vergessen, seit wann diese Geschöpfe schon existieren und wie viel Weisheit sie aufgrund ihrer Erfahrung besitzen. Der Umgang mit ihnen sollte daher stets von Respekt ihnen gegenüber und der Natur im Allgemeinen geprägt sein.

Grundsätzlich kann man zu jeder Zeit und an nahezu jedem Ort einer Fee begegnen, obwohl sie in einer anderen Welt lebt als wir. Sie ist der unseren nahe genug, um das Hin- und Herwechseln zu ermöglichen. Aber Raum, Zeit und Möglichkeiten sind grundlegend verschieden. Statt einer theoretischen Abhandlung darüber möchte ich Sie einladen, die Anderswelt einfach zu erfahren, indem Sie den Feen persönlich begegnen.

Der Umgang mit Feen

Mit auf den Weg gebe ich Ihnen lediglich die wichtigsten Regeln für den Umgang mit Wesen aus der Anderswelt: Feen schätzen es, respektvoll behandelt zu werden; herablassendes oder forderndes Verhalten wird sie rasch verscheuchen. Auch sind sie anspruchsvolle Besucher in dem Sinne, als sie gezeigt bekommen möchten, dass sie willkommen sind. Eine kleine Nische mit besonderen Pflanzen, kleinen Glöckchen und Kristallen macht Ihr Heim feenfreundlich.

Wie bei uns gilt auch bei Feen, dass kleine Geschenke die Freundschaft erhalten. Legen Sie regelmäßig eine kleine essbare Gabe im Freien vor Ihre Tür – das können Kekse sein, Honig oder ein Schälchen Milch. Tatsächlich entstammt das Sprichwort, dass man nicht über verschüttete Milch weinen soll, dem überlieferten Feenglauben. Verschüttete Milch wurde als Gabe an das Kleine Volk betrachtet, und dass man nicht darüber weinen soll, zeigt einen weiteren wichtigen Grundsatz für die Interaktion mit Feen: Sie wollen, dass man großzügig und ohne Reue gibt. Mit einem kleinlichen oder widerwillig gegebenen Geschenk wird man sich eher ihren Unmut als ihre Freundschaft einhandeln. Aus ähnlichen Gründen ist zu empfehlen, sich bei den Feen nicht für ein Geschenk oder geleistete Hilfe zu bedanken. Dank, was wir darunter verstehen, ist in der Feenwelt ein unbekanntes Konzept , wenn er lediglich als Höflichkeitsfloskel verwendet wird. Sie spüren sofort, ob der Dank ehrlich gemeint ist. In jedem Fall wird eine kleine Gabe besser ankommen, da dies Respekt und Gleichheit unterstreicht, während Dankbarkeit als Herablassung oder Unterlegenheitsgeste missverstanden werden kann.

Feenblumen und ihre Verwendung in Volksmärchen

EISENHUT
Helme für tapfere Ritter und Wächter aus dem Feenreich.

FARNWEDEL
Vorhänge und Paravents in Feenbehausungen.

FINGERHUT
Der englische Name »Foxglove« bezieht sich nicht etwa auf Füchse, sondern auf »Little Folks«, das Kleine Volk, das die Blüten als Hüte und Handschuhe trägt.

MAIGLÖCKCHEN
Sie liefern die musikalische Untermalung zum Feengesang.

PRIMELN
Mit ihnen machen Feen sich unsichtbar. Wer sie isst, soll Unsichtbares sehen können.

RANUNKELN
Sie werden von Feen als Trinkgefäße verwendet.

SCHLÜSSELBLUMEN
Sie weisen den Weg zu verborgenen Feenschätzen.

STERNHYAZINTHE (HASENGLÖCKCHEN)
Ihr Läuten kündigt dem, der es hört, den nahenden Tod an.

THYMIAN
Er dient als Schlafunterlage. Ein Büschel Thymian soll Feen in menschliche Schlafräume locken.

TULPEN
Sie geben hervorragende Kinderbettchen für Feenbabys ab.

VIERBLÄTTRIGES KLEEBLATT
Damit soll man jeden Feenzauber brechen können.

Zu guter Letzt ein Satz von mir, der in Schönschrift und mit Feenornamenten verziert über meinem Schreibtisch hängt:

Verlange nichts, freue dich über das, was dir gegeben wird. Sei stets aufrichtig. Ehre die Natur. Erwarte das Unerwartete.

Für alles Weitere vertrauen Sie auf Ihren Feenbegleiter.
Ich wünsche Ihnen eine gute Reise.

Wie man mit diesem Buch arbeitet

Dieses Buch ist dafür gedacht, Ihnen den Eingang zum Feenreich zu öffnen. Dafür habe ich 22 Feenpersönlichkeiten ausgewählt, die wie die Trumpfkarten eines Tarotspiels alle archetypischen Lebensstationen sowie die Energien der Sternzeichen und der wichtigsten Planeten unseres Sonnensystems repräsentieren. Jeder kann für sich einen Feenbegleiter kennen lernen, dessen ganz spezielle Eigenheiten er sich in seinem Leben wünscht: eine Geistesverwandtschaft, einen ergänzenden Charakterzug oder die Hilfe in einer konkreten Situation.

Der wichtigste Teil des Buches sind die Begegnungen mit den einzelnen Feen. Jede Fee wird porträtiert, indem sie mit ihrem Namen vorgestellt und die Essenz beschrieben wird, die sie verkörpert. Die zugeordneten astrologischen Zeichen und Planeten, Farben, Pflanzen etc. sollen Ihnen eine Hilfe sein, wie Sie den Charakter der Fee besser erfassen und verstehen können. Sie bilden außerdem eine Grundlage für individuelle Rituale.

Einen Feenbegleiter finden

Welche Fee gerade jetzt zu Ihnen passt, können Sie auf verschiedene Weise herausfinden, je nach Ihrer Stimmung. Sie können beispielsweise einer Fee zufällig begegnen, sich von ihrer Energie und ihrem Ausdruck bezaubern lassen oder sie ganz gezielt suchen.

Die Zufallsbegegnung

Auswahl auf dem Stadtplan

Wenn Sie keine genaue Vorstellung haben, wer Sie begleiten soll und welchen Typ Fee Sie gerne in Ihrer Nähe haben möchten, machen Sie in Ihrer Phantasie einen Stadtbummel, und warten Sie ab, wer Ihnen auf Ihrem Spaziergang zufällig begegnet. Dazu schlagen Sie die Karte auf und schauen sich die Orte an: Welcher Ort interessiert Sie besonders, wohin zieht es Sie?

Entscheiden Sie sich ganz bewusst für einen Punkt auf dem Stadtplan, oder überlassen Sie es einfach dem Zufall, indem Sie sich mit geschlossenen Augen auf die Begegnung konzentrieren und auf den Plan tippen. Schlagen Sie dann anhand des Inhaltsverzeichnisses auf der entsprechenden Seite nach, wen Sie an dem gewählten Ort treffen werden.

Die gleiche Wellenlänge

Betrachten der Porträtbilder

Bestimmt haben Sie es schon erlebt, dass Ihnen jemand bei der ersten Begegnung sofort sympathisch war. Seine Ausstrahlung hat Ihnen gefallen, das Lächeln, die Art, wie die Person sich kleidet oder ihre Körpersprache: Sie waren sozusagen auf einer Wellenlänge! Oft kann man sich diesen Effekt nicht rational erklären: Der Funke ist einfach übergesprungen.

Dieses Erlebnis können Sie für Ihre Feenbegegnung simulieren, indem Sie die Feenporträts durchblättern und spontan entscheiden, welches Bild Ihnen besonders und/oder auf Anhieb gefällt. Dabei wird das Ergebnis umso besser ausfallen, je weniger Sie im Vorfeld darüber nachdenken. Machen Sie sich keine konkreten Vorstellungen davon, ob Sie eine bestimmte Haarfarbe oder einen bestimmten Kleidungsstil bevorzugen, sondern gehen Sie offen auf die Bilder zu, so als wenn Sie auf eine Party kommen, auf der Sie kaum jemanden oder gar niemanden kennen.

Auf den ersten Blick mag es scheinen, als würde diese Methode besonders gut funktionieren, wenn man das Buch das erste Mal zur Hand nimmt. Aber vielleicht werden Sie feststellen, dass Ihnen in unterschiedlichen Stimmungen und Situationen unterschiedliche Figuren gefallen und Sie selbst nach häufigem Durchblättern noch ein neues Gesicht entdecken.

Die gezielte Suche

Übersichtstabelle der Namen und Bedeutungen

Wissen Sie schon, was Sie momentan am meisten beschäftigt, und wünschen Sie eine ganz bestimmte Feenbegleitung, die Sie dabei unterstützt, so können Sie direkt aus der Übersichtstabelle (siehe Seite 12f.) die Feennamen und deren Bedeutungen auswählen. Wenn Sie sich nicht ganz sicher sind, schauen Sie ruhig mehrere Feen an, und lesen Sie das entsprechende Porträt.

Gerade wenn Ihnen eine bestimmte Frage am Herzen liegt oder Sie eine ganz spezielle Energie in Ihr Leben bringen möchten, ist es wichtig, sich bei der Wahl Zeit zu lassen. Achten Sie nicht nur auf die Bedeutung, sondern beschäftigen Sie sich auch mit den Zuordnungen und der Botschaft, um sich besser entscheiden zu können.

Stadtplan

Wasserfall
Rosengarten
Teich
Casino
Parkbank
Bibliothek
Baum im Park
Café
Pavillon
Zu Hause
Amphitheater
Planetarium

Friedhof
Zirkus
Wald
Kunstgalerie
Schloss
BANK
Bank
Bahnhof
Bahnhof
Burgruine
Schmiede
Hügel

Übersichtstabelle

Name	Bedeutung	Essenz	Ort	Ritual	Tarotkarte	Astrologie
Abiona	auf einer Reise geboren	Freiheitsliebe, Spontaneität, Abenteuerlust	vor dem Zirkuszelt	Wünschelrutenritual	Der Narr	Widder, Pluto
Bindiba	ich bin, die ich bin	Selbstbewusstsein, Charisma, Können	im Amphitheater	einen persönlichen Kraftnamen finden	Der Magier	Löwe
Tamesis	Gefühl	Intuition, Vertrauen, Geheimnis bewahren	im Café	den Schleier lüften	Die Hohepriesterin	Mond
Calista	die Schönste	Schönheit, Anziehungskraft	in der Kunstgalerie	Bad der Aphrodite	Die Kaiserin	Venus
Bronte	Donner	Durchsetzungskraft, Disziplin, Autorität	vor dem Schloss	eine Feenleiter herstellen	Der Kaiser	Steinbock
Ethelind	die noble Weise	Lehrer, Gelehrter, Lernen	in der Bibliothek	einen Feen-Medizinbeutel herstellen	Der Hierophant	Schütze
Amitola	Regenbogen	Liebe, Beziehung	auf der Parkbank	den Rosenpfad der Liebe gehen	Die Liebenden	Zwillinge
Almeda	strebt zum Ziel	Reise, Aufbruch, Ziel	am Bahnhof	verwunschene Körner nutzen	Der Wagen	Jupiter
Brighid	Stärke	Kreativität, Schaffenskraft	in der Schmiede	Arbeit mit dem Feenstab	Die Kraft	Mars
Velda	von großer Weisheit	Ruhe in sich selbst, »alte Seele«	auf dem Hügel	Kerze der Erleuchtung nutzen	Der Eremit	Neptun
Sachiko	Glückskind	Glück, glücklicher Zufall, günstige Gelegenheit	vor dem Casino	Feenstaub herstellen	Das Glücksrad	Jupiter
Leandra	Löwin	(materielle) Sicherheit, Schutz	vor der Bank	eine Feenflasche herstellen	Die Gerechtigkeit	Stier
Kimama	Schmetterling	Entspannung, Wartezeit, Erleuchtung	unter einem Baum im Park	Feenvisualisierung mit Farbatmen	Der Gehängte	Jungfrau
Rimona	Granatapfel	Trauer, Abschied, Angst	auf dem Friedhof	die Toten ehren, »Dia de los Muertos«	Der Tod	Pluto
Sabira	die Geduldige	Freundschaft, Vertrauen	im Pavillon	Feenkekse backen	Die Mäßigkeit	Waage
Visolela	Herzensbegierden sind unkontrollierbar wie Wasserfälle	Egoismus, dunkle Seite	am Wasserfall	Zehn-Schwerter-Meditation	Der Teufel	Skorpion
Thordis	gehört Thor	Schicksalsschlag, den Halt verlieren	vor der Burgruine	Neumondritual	Der Turm	Saturn
Gleda	macht glücklich	Heilung, Wachstum	im Planetarium	Heilstein aufladen	Der Stern	Fische
Aislinn	Traum	Hoffnung, Träume, Phantasie	am Teich	das Astraltor durchschreiten	Der Mond	Krebs
Lakeisha	Leben	Familie, Geborgenheit, Gesundheit	im Rosengarten	Familienbande knüpfen	Die Sonne	Sonne
Renata	die Wieder–geborene	neue Chancen, Berufung, Erfahrungsschatz	auf einer Waldlichtung	einen Feengarten anlegen	Das Gericht	Wassermann
Audris	Reichtum	Selbstverwirklichung, Vollkommenheit	zu Hause	ein Krafttier finden	Die Welt	Uranus

Übersichtstabelle

Farbe	Duft/Pflanze	Edelstein	Botschaft	Amulett
Weiß	Gardenie, Myrrhe	Diamant, Karneol	Begegnen Sie Abiona, wenn Sie jemanden suchen, der Sie mit seiner Abenteuerlust ansteckt und wenn Sie selbst gern Neues entdecken und genießen wollen.	Glücksstein
Dunkelrot	Nelke, Lorbeer	Beryll	Begegnen Sie Bindiba, wenn Sie sich mehr Selbstvertrauen und Ausstrahlung wünschen. Umgekehrt kann Bindiba Sie auch darauf hinweisen, wo Sie zu forsch auftreten und andere vor den Kopf stoßen.	Namensanhänger
Blau	Jasmin, Lilie	Mondstein	Begegnen Sie Tamesis, wenn Sie Ihre intuitiven Kräfte fördern möchten oder Ihnen eine Vertraute fehlt. Tamesis kann Ihnen helfen herauszufinden, wer das sein könnte und wie Sie sich Ihrer Vertrauten öffnen.	Kleeblatt
Pink	Gardenie, Vanille	Rosenquarz	Begegnen Sie Calista, wenn Sie Ihre Attraktivität steigern wollen oder wenn es an der Zeit ist, sich zu verwöhnen und das Leben zu genießen.	Eichel der Anziehungskraft
Rot	Holunder, Muskat	Hämatit	Begegnen Sie Bronte, wenn Sie Ihre Durchsetzungskraft stärken möchten oder wenn Sie lernen wollen, mit Autorität umzugehen – mit Ihrer eigenen und der von anderen.	Kleine Feenleiter
Königsblau	Anis, Wacholder	Chalzedon	Begegnen Sie Ethelind, wenn Sie auf Ihrer Lebensreise in einer Phase des intensiven Lernens angelangt sind, wenn Sie mit einer Lebenslektion Schwierigkeiten haben oder wenn Sie selbst die Rolle eines Lehrers annehmen und Ihr Wissen weitergeben wollen.	Feen-Medizinbeutel
Purpur	Rose	Smaragd, Koralle	Begegnen Sie Amitola, wenn Sie auf der Suche nach Liebe sind, Ihre bestehende Beziehung vertiefen, verbessern und schätzen lernen wollen oder wenn Sie Liebeskummer haben.	Herzanhänger
Hellrot	Bergamotte, Fenchel	Rubin	Begegnen Sie Almeda, wenn Sie im Begriff sind, eine (wirkliche oder spirituelle) Reise zu unternehmen, wenn Sie Ihre Zielgerichtetheit entwickeln möchten oder wenn Sie das Gefühl haben, in einer Sackgasse zu stecken.	Magischer Körnerbeutel
Orange	Ylang-Ylang, Koriander	Amethyst	Begegnen Sie Brighid, um Inspiration und Schaffenskraft in Ihr Leben zu holen und wenn es darum geht, die Arbeit an eigenen Schwächen in Angriff zu nehmen. Sie ist als Begleiterin für Phasen geeignet, in denen Sie an einer Sache mit Leidenschaft herangehen wollen.	Haselnuss
Blaugrün	Narzisse, Ahorn	Labradorit	Suchen Sie Velda auf, wenn Sie in Ihrem Leben mehr Zeit für sich benötigen, wenn Sie das Gefühl haben, sich Ihrer selbst nicht sicher zu sein, oder umgekehrt, wenn Sie sich einsam fühlen und nicht gut mit dem Alleinsein zurechtkommen.	Muschel
Mehrfarbig, irisierend	Mimose, Tonka	Türkis	Begegnen Sie Sachiko, um eine unerwartete günstige Gelegenheit in Ihr Leben zu locken, einen glücklichen Ausgang herbeizuführen oder wenn Sie das Gefühl haben, in letzter Zeit eher ein Pechvogel gewesen zu sein.	Hand des Glücks
Rotbraun	Kamille	Chrysopras	Begegnen Sie Leandra, wenn Sie auf der Suche nach materieller Sicherheit oder nach bodenständiger Gewissheit sind. Leandra kann auch dabei helfen, Unsicherheiten zu überwinden und den Glauben an den gerechten Ausgang einer Sache zu stärken.	Eiwaz-Runenanhänger
Grau	Magnolie	Moosachat	Begegnen Sie Kimama, wenn Sie das Gefühl haben, in einer Sackgasse zu stecken und eine neue Perspektive zu brauchen, wenn Sie sich zu viel zugemutet haben und es nötig ist, sich einmal »hängen zu lassen« oder wenn aufgewühlte Gefühle sich setzen müssen, bevor Sie eine Entscheidung treffen können.	Lebensbaum
Schwarz	Myrrhe, Rosmarin	Onyx	Begegnen Sie Rimona, wenn Sie um etwas oder jemanden trauern, wenn Sie gerade ein einschneidendes Erlebnis hatten oder das Ende einer Beziehung oder einer Phase Ihres Lebens bevorsteht. Rimona kann Sie dabei unterstützen, damit verbundene Ängste zu überwinden oder den Schmerz der Trauer zu lindern.	Skarabäus
Moosgrün	Orchidee	Jade	Begegnen Sie Sabira, wenn Sie sich für Ihre Freundschaften bedanken wollen oder Sie in letzter Zeit zu wenig Zeit hatten, Freundschaften zu pflegen. Auch bei der Suche nach neuen Freunden kann Sabira Ihnen helfen.	Freundschaftsfigürchen
Violett	Moschus, Nachtschatten	Obsidian	Begegnen Sie Visolela, wenn Sie lernen wollen, mit Ihren dunklen Seiten umzugehen, wenn Sie jemanden suchen, der Verständnis für Emotionen wie Eifersucht oder Wut aufbringen kann, und wenn Sie diese Empfindungen akzeptieren und positiv verarbeiten wollen.	Schützender Totenschädel
Indigo	Myrrhe, Zypresse	Malachit	Begegnen Sie Thordis, wenn Sie einen plötzlichen Schicksalsschlag erlitten haben oder von Ängsten geplagt werden. Sie kann Ihnen helfen, wieder festen Boden unter den Füßen zu gewinnen.	Abracadabra-Amulett
Blassgelb	Lavendel, Aloe Vera	Peridot	Begegnen Sie Gleda, wenn Sie auf der Suche nach Ihrer persönlichen Glücksformel sind.	Heilstein
Hellblau	Sandelholz, Lotus	Opal	Begegnen Sie Aislinn, wenn Sie das Gefühl haben, Sie hätten das Träumen verlernt, oder wenn Sie die Botschaften aus dem Traumreich für sich deuten wollen. Aislinn ist ebenfalls eine geeignete Begleiterin, wenn Sie Traum und Realität auseinander halten wollen.	Traumkissen
Goldgelb	Sonnenblume	Bernstein	Begegnen Sie Lakeisha, wenn in Ihrem Leben gerade familiäre Themen eine große Rolle spielen. Dabei kann es um Zwistigkeiten gehen, aber auch darum zu erkennen, wer Ihre wahre Familie ist, was Sie ihr geben und was Sie von ihr zurückbekommen.	Das Band der Familie
Silber	Benzoe, Akazie	Aquamarin	Begegnen Sie Renata, wenn Sie in Ihrem Leben an einem Wendepunkt stehen und Bilanz ziehen wollen oder wenn Sie ein einschneidendes Erlebnis hatten, aus dem Sie geläutert und gereift hervorgegangen sind bzw. hervorgehen möchten.	Feenglöckchen
Gold	Haselnuss, Zimt	Bergkristall	Begegnen Sie Audris, wenn Sie zu sich selbst finden oder Ihre Berufung erkennen möchten. Audris kann Ihnen helfen, Ihre innersten Bedürfnisse zu enthüllen.	Krafttieranhänger

Das Willkommensritual

Was ist ein Ritual? Was ist Magie? Ist jedes Ritual magisch? Die Antwort auf die dritte Frage ist in jedem Falle ja, für die ersten beiden Fragen wird man so viele Antworten finden, wie es spirituelle und religiöse Ausrichtungen gibt.

Wie Rituale funktionieren

Für den Alltag kann man sich dem Thema gut nähern, wenn man sich magische Essenz als die große Energiequelle schlechthin vorstellt. Von unserem Universum und jedem Gegenstand und jedem Lebewesen gehen in ihrer Qualität und Intensität unterschiedliche Kräfte aus.

Die Ausübung von Magie ist eine Art, sich diese Kräfte aktiv zunutze zu machen. In diesem Licht betrachtet ist Magie nichts Übernatürliches, sondern in ihrem Kern das Natürlichste überhaupt.

Rituale helfen dabei, die erwähnten Energien zu bündeln und in eine Richtung zu lenken. Die Beherrschung meditativer Techniken kann dabei sehr hilfreich sein, ist aber verzichtbar, wenn Sie über eine starke bildhafte Phantasie und eine einigermaßen gut entwickelte Konzentrationsgabe verfügen. Klare und konkrete Bilder in Ihrer Vorstellung entstehen zu lassen ist der beste Weg, um Energien zu lenken.

Im Grunde geht es bei einem Ritual um nichts anderes, als einen Zugang zu der Energie zu finden, die Sie für Ihr Ziel brauchen. Alle Werkzeuge und Zutaten sind nur Hilfsmittel, viele davon sind jedoch sehr nützlich, weil ihre Wirkungsweise erprobt ist und sie einen verstärkenden Effekt ausüben. Ich möchte Sie ermutigen, nach einiger Zeit eigene Rituale zu entwickeln. Die Arbeit mit Feenenergie ist sehr spielerisch und von Zufällen und Unvorhergesehenem geprägt. Sie macht es leicht, Einfälle einzufangen, die einem im wahrsten Sinne des Wortes »zugeflogen« sind.

Das Willkommensritual und das Amulett

Mit den Ritualen in diesem Buch heißen Sie Ihre Fee willkommen. Sie sind ein Zeichen der Freundschaft. Gleichzeitig lenken Sie Ihre Energien schon in eine bestimmte Richtung, die zu der Persönlichkeit der Fee passt. Es erleichtert die Kontaktaufnahme und den Einstieg in die Kommunikation mit dem Feenwesen und ist also »der Beginn einer wunderbaren Freundschaft«.

Mit dem Amulett können Sie ein Stück der Feenmagie bei sich tragen. Es verstärkt die Energien Ihrer Feenbegleitung und festigt die Bindung zwischen Ihnen und Ihrer Fee. Sie können es jederzeit benutzen, um die Fee zu rufen und Ihre Freundschaft zu vertiefen.

Viele der Amulette sind so gestaltet, dass sie Ihnen als nützliche Ritualgegenstände dienen können. Auf Ihrer Reise durch die Feenwelt mit ihren verschiedenen Begleitern kommen Sie so zu einer Art Ausrüstung, die vielfältiges magisches Arbeiten ermöglicht.

Reinigung und Ziehen des Schutzkreises

Bevor Sie mit einem Ritual beginnen, sollten Sie eine kurze Reinigung durchführen und sich die Zeit nehmen, einen magischen Schutzkreis zu ziehen. Der Kreis erfüllt mehrere Funktionen: Zum einen bündelt er die Energie, und das Ritual lässt sich leichter ausführen. Zum anderen ist er für Sie ein sicherer Ort zwischen Ihrer Welt und der Anderswelt, der negative Einflüsse fern hält. Dazu ist es nötig,

während des Rituals den einmal gezogenen Kreis nicht zu verlassen – denken Sie also daran, vorher alle Bestandteile für Ihr Ritual bereitzuhalten. Wenn Sie den Kontakt zu einer bestimmten Fee suchen und sich dabei zusätzlich im Kreis aufhalten, ist es unwahrscheinlich, dass Sie einen unerwünschten Kontakt zu einem ungebetenen Gast erleben werden.

- Für die Reinigung reicht es in der Regel, wenn Sie sich die Hände mit etwas Salz abreiben und sie danach unter klarem Wasser abspülen. Falls Sie genügend Zeit haben, können Sie vor dem eigentlichen Ritual duschen oder ein feierliches Bad nehmen.
- Für ein vollständiges Ritual sollten Sie vier weiße Kerzen aufstellen, eine in jeder Himmelsrichtung, und ein Symbol für jedes der Elemente greifbar haben. Räucherwerk symbolisiert die Luft, eine Kerze das Feuer, eine Schale mit Wasser das Wasser und eine Schale mit Erde oder Steinen die Erde. Diese Vorbereitungen sorgen gleichzeitig für eine feierliche Stimmung, denn Ihr Willkommensritual soll etwas Besonderes sein. Im Grunde benötigen Sie für ein Feenritual nichts anderes als Ihre Phantasie. Am stärksten wirkt das Ritual im Freien!
- Ziehen Sie sich etwas Bequemes an, und stellen Sie sich so hin, dass Sie nach Osten blicken.
- Schließen Sie die Augen. Drehen Sie sich langsam im Uhrzeigersinn, strecken Sie dabei einen Arm aus, und ziehen Sie mit dem Finger einen Kreis um sich. Stellen Sie dabei sich den Kreis als eine leuchtende Linie vor, wie sie aus Ihrer Fingerspitze herausfließt. Wenn Sie sich einmal ganz um die eigene Achse gedreht haben, sprechen Sie folgenden Spruch:

> Dies sei die Grenze dieses Kreises.
> Außer Liebe soll hier nichts einkehren.
> Nichts als Gutes soll hier erscheinen.
> Hüter des Ostens und des Elements Luft,
> Hüter des Südens und des Elements Feuer,
> Hüter des Westens und des Elements Wasser,
> Hüter des Nordens und des Elements Erde:
> Seid willkommen in meinem Kreis,
> gebt mir Eure Unterstützung.

Wenn möglich, stellen Sie sich Bilder zu den Elementen vor, während Sie sie ansprechen: eine zarte Brise und tosenden Sturm für Luft, wärmendes Herdfeuer und glühende Lava für Feuer, eine klare Quelle und das weite Meer für Wasser und fruchtbare Felder und einen gewaltigen Erdrutsch für Erde. Spüren Sie die Kraft der Naturgewalten in sich!

Das Ritual durchführen

- Es ist günstig, auch gleich das entsprechende Amulett zu weihen. Konzentrieren Sie sich so stark auf die Persönlichkeit Ihrer Fee und spüren Sie, wie sich das Amulett mit Energie auflädt. Falls Sie Räucherwerk entzündet haben, führen Sie das Amulett dreimal im Uhrzeigersinn durch den Rauch.
- Danach bedanken Sie sich einzeln bei den Elementen und heben den Kreis auf. Drehen Sie sich diesmal in entgegengesetzter Richtung.
- Das Band zwischen Ihnen und Ihrer Fee ist jetzt geknüpft. Heißen Sie sie mit einem Schluck Wein oder Tee und einem Stück Konfekt willkommen!

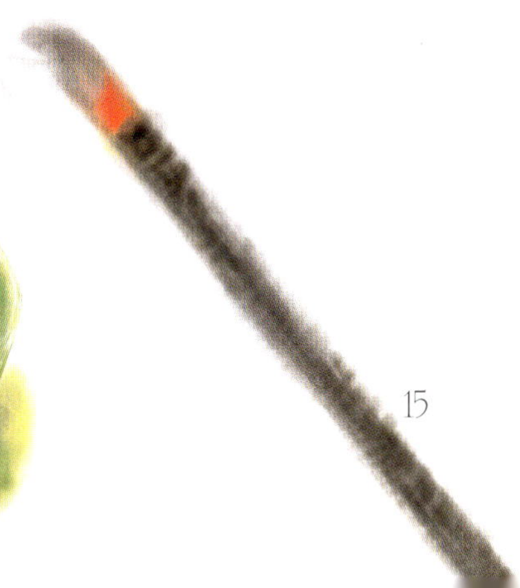

Vor dem Zirkuszelt treffen Sie Abiona

Ich heiße Abiona! Das ist ein Name aus Afrika, der so viel bedeutet wie »auf einer Reise geboren«. Der Name ist sehr treffend, da ich gerne unterwegs bin. Also habe ich mich den Artisten angeschlossen. Sie glauben nämlich, die Anwesenheit einer Fee bringe ihnen Glück.

Mir gefällt das Leben im Zirkus – man lernt ständig Neues kennen, kommt herum, es ist nie langweilig! Wenn irgendwo ein spannendes Abenteuer winkt, lasse ich mich gerne darauf ein. Meine Lieblingsnummern hier im Zirkus sind der Raubtierdompteur und der Zauberkünstler. Der Dompteur riskiert bei jedem Auftritt von neuem alles, und als Zauberkünstler kann man immer wieder Überraschungen aus dem Hut zaubern. Bei der Gelegenheit kann ich überall ein bisschen hinter die Kulissen schauen. Es könnte ja sein, dass man etwas übersieht, so wie bei einem Zaubertrick auf die falsche Hand geschaut wird. Ebenso wie es möglich ist, dass jemand anderer Meinung ist als man selbst, weil er eine andere Sicht der Dinge hat. Doch das lernt man einzuschätzen, wenn man so viel unterwegs ist! Manchmal jedoch wäre ich gern länger an einem Ort. Neues zu erfahren und in Bewegung zu sein bringt einen nur weiter, wenn das Erlebte in Ruhe verarbeitet werden kann. Im Zirkus ist dafür die beste Zeit die Winterpause, wenn sich die Tiere ausruhen und die Artisten an neuen Nummern arbeiten. Für mich ist es gut, dass es diese Pausen gibt, da Disziplin nicht meine stärkste Seite ist und ich das Ausruhen sicherlich hin und wieder vergessen würde!

Manchmal schlägt meine Abenteuerlust in Leichtfertigkeit um. Da kann man mich ein wenig mit Rotkäppchen vergleichen: Ein kleines Mädchen, das losgeschickt wurde, um ihrer kranken Großmutter einen Korb mit Leckereien zu bringen. Die Mutter hatte ihm zuvor eingeschärft, im dunklen Wald nicht vom Weg abzuweichen. Rotkäppchen hat das trotzdem getan, und – ehrlich gesagt – ich würde das wahrscheinlich auch tun. Ich muss gestehen, die interessantesten Entdeckungen habe ich gemacht, wenn ich mich nicht genau an den vorgeschriebenen Weg gehalten habe. Wichtig dabei ist ein gesunder Menschenverstand und Achtsamkeit, um sich nicht unnötig in Gefahr zu begeben. So wie ich, als ich eines Nachts alleine in den Tigerkäfig gehen wollte, oder wie Rotkäppchen, das vom Wolf überrascht wurde. Mich hat der Dompteur gerade noch rechtzeitig gerettet und der Jäger Rotkäppchen. Aber auf so viel Glück ist nicht immer Verlass, außerdem behalte ich die Situation lieber selbst im Griff – auch wenn ich mich dabei bremsen muss.

DAS WILLKOMMENSRITUAL FÜR ABIONA

Wünschelrutenritual

Wenn Ihnen Abiona begegnet ist, sollte das richtige Ritual etwas mit einer spontanen Unternehmung und etwas Überraschendem zu tun haben. Planen Sie ein bis zwei Stunden ein. Abiona wird mit Ihnen Ihre Stadt entdecken!

- Fangen Sie mit der Reinigung und dem magischen Kreis an, wie im ersten Kapitel (siehe Seite 14f.) beschrieben.
- Zünden Sie eine weiße Kerze an, und räuchern Sie mit Myrrhe oder Gardenienräucherstäbchen.
- Was Sie noch brauchen: einen Y-förmigen Ast oder Zweig (eben eine Wünschelrute, am besten aus dem Holz einer Haselnuss oder Weide) und einen Stadtplan. Falls Sie gar keine Möglichkeit haben, an einen passenden Zweig zu kommen, können Sie die Wünschelrute auch aus Draht zu einem Y biegen. Aber vergessen Sie nicht: Material aus der Natur wirkt immer am besten. Die Mühe, in einem Blumengeschäft oder im Gartencenter danach zu fragen, wird sich bestimmt lohnen.
- Fassen Sie die kurzen Enden der Wünschelrute, und halten Sie sie möglichst ruhig über den Stadtplan.
- Sprechen Sie mit geschlossenen Augen folgenden Spruch (oder Ähnliches in Ihren eigenen Worten):

Abenteuer, komm zu mir
Offnen Geist versprech ich dir
Lass meine Augen Neues sehn
Wo wird die Rute niedergehn?

Fühlen Sie, wie die Wünschelrute in Ihrer Hand lebendig wird! Sobald Sie merken, dass sie den Stadtplan berührt, können Sie die Augen wieder öffnen. Wohin zeigt die Rute? Nachdem Sie den Kreis aufgehoben haben, suchen Sie den Ort auf, den Ihnen die Rute gezeigt hat.

Waren Sie zuvor schon einmal in diesem Stadtteil oder dieser Straße? Schauen Sie sich aufmerksam um, was Sie dort entdecken. Details sind wichtig. Machen Sie ein Foto zur Erinnerung, oder versuchen Sie, jemanden anzusprechen... Egal, was Sie tun, es sollte etwas sein, was Sie noch nie zuvor getan haben.

Kennen Sie das Ziel Ihrer Reise bereits, bemühen Sie sich, es mit anderen Augen zu sehen, indem Sie sich z.B. vorstellen, Sie seien ein Tourist, ein Zeitreisender aus ferner Zukunft, der Vergangenheit oder gar ein Außerirdischer.

DAS AMULETT FÜR ABIONA

Glücksstein

Für jemanden, der viel unterwegs und ungeduldig ist, kommt kein Amulett infrage, das aufwändig herzustellen oder schwer zu beschaffen ist. Ein lose in der Tasche getragener Glücksstein, etwa der orangerote Karneol für aktive Energie, entspricht ihrem Naturell, ebenso Gegenstände, die mit dem Reisen in Verbindung stehen. Dafür eignen sich z.B. ein Kompass, ein Miniaturanker oder ein kleines Modellflugzeug. Weihen Sie das Amulett, indem Sie es durch den Weihrauch führen und sich dabei vorstellen, wie Sie gemeinsam mit Abiona neue Erfahrungen sammeln.

NAME
auf einer Reise geboren

BEDEUTUNG/ESSENZ
Freiheitsliebe, Spontaneität, Abenteuerlust

(KERZEN-) FARBE
weiß

DUFT/PFLANZE
Gardenie, Myrrhe

EDELSTEIN
Diamant, Karneol

TAROTKARTE
Der Narr

ASTROLOGIE
Widder, Pluto

BOTSCHAFT
Begegnen Sie Abiona, wenn Sie jemanden suchen, der Sie mit seiner Abenteuerlust ansteckt oder wenn Sie selbst gern Neues entdecken und genießen wollen.

SPRICHWORT
Man kann keine neuen Ozeane entdecken, solange man nicht den Mut aufbringt, die Küste aus den Augen zu verlieren. (chin. Sprichwort)

Im Amphitheater 11 sehen Sie Bindiba

Seien Sie gegrüßt! Gefällt Ihnen meine Vorstellung? Dann applaudieren Sie mir doch! Ich stehe gern auf der Bühne, liebe das Rampenlicht, denn ich weiß, was ich kann. Meinen Namen, Bindiba, habe ich mir selbst ausgesucht. Er ist aus dem Satz »Ich bin, die ich bin« gebildet, meinem persönlichen Motto. Ich finde, ein selbst gewählter Name drückt am besten aus, was man aus sich machen möchte. Er ist viel kraftvoller als ein Name, den sich ein anderer für uns ausgedacht hat.

Meine Bühne ist überall. Wenn ich mich entscheide aufzutreten, dann werde ich gesehen, erkannt und bleibe im Gedächtnis. Indem ich in verschiedene Rollen schlüpfe, kann ich alle Facetten meiner Persönlichkeit ausleben, aber ich kann auch vorgeben, eine andere Person zu sein. Manche meiner Auftritte haben etwas Zauberhaftes. Ein Teil dieser Magie liegt in meiner Ausstrahlung, meiner Selbstsicherheit. Ein Teil sind geschickt eingesetzte Effekte, mit denen ich mich in Szene setze, doch ist keineswegs alles nur Schau: Mein Können ist echt und fundiert. Ich arbeite hart und konzentriert, sonst könnte ich von mir selbst nicht so überzeugt sein. Jeder hat Begabungen, die er erfolgreich einsetzen kann. Aus den Talenten, die mir in die Wiege gelegt wurden, und meinem selbst erworbenen Können habe ich das Beste gemacht. Anfangs war da nur mein Wille, und ich wusste nicht, wie ich meine Vorstellungen ausleben und Wirklichkeit werden lassen könnte. Als Naturgeist habe ich Kräfte, die Ihnen zwar magisch vorkommen mögen, aber von meiner Warte aus erscheinen sie mir ebenso begrenzt wie Ihnen Ihre Gaben. Nur zu oft habe ich mich damit begnügt, einzig auf der Bühne mein eigenes Wunschbild zu verkörpern. Die charismatische Persönlichkeit konnte ich spielen, ohne meine Bühnenrequisiten jedoch nicht wirklich sein. Das Geheimnis, das ich für mich entdeckt habe, ist das angstfreie Handeln. Mein Lehrmeister dabei war mein eigener Stern: Ich beschloss, aufzubrechen, ihm zu folgen und einfach so zu handeln wie auf der Bühne, und hatte Erfolg damit. Erfolg ist eine magnetische Kraft, die wieder neuen Erfolg anzieht – eine mitreißende Woge. Sie reißt nicht nur mein Publikum mit, sondern auch mich selbst! Wenn Schauspiel und Realität zu sehr verschwimmen, wird jeder Schauspieler unglaubwürdig, so wie ich, als ich das Theater mit meiner Papierkrone auf dem Kopf verlassen habe. An diesem Tag hat mich niemand mehr ernst nehmen können. Wenn ich mich durchsetzen wollte, wirkte das in meinem Kostüm entweder lächerlich oder überheblich. Mit der Arroganz habe ich ohnehin Schwierigkeiten; meine Ungeduld mit denen, die nichts aus sich machen, ist mir schon oft falsch ausgelegt worden. Deshalb bemühe ich mich, Illusion und Wahrheit streng auseinander zu halten und mein Auftreten der Situation anzupassen. Bescheidenheit wird nie meine herausragendste Eigenschaft sein. Doch ich will Sie mit meinem Auftreten nicht blenden, sondern zeigen, wie weit man es bringen kann, wenn man sich auf seine ureigensten Gaben besinnt und sie bewusst und aktiv einsetzt.

DAS WILLKOMMENSRITUAL FÜR BINDIBA

Einen persönlichen Kraftnamen finden

Zwei Schritte führen zu Ihrem magischen Namen. Der erste ist eine Meditation über die Bedeutung des Namens.

- Ziehen Sie dazu den magischen Kreis (siehe Seite 14f.) und verwenden Sie zusätzlich zum Räucherwerk ein wenig von Ihrem Lieblingsparfum.
- Falls Sie ein Bild haben, das Ihnen besonders gefällt und das Ihrer Wunschvorstellung von Ihnen selbst entspricht, sei es ein Foto einer Person, einer Landschaft, ein Gemälde oder auch eine abstrakte Darstellung, schließen Sie es mit in den Kreis ein, und lassen Sie das Bild direkt vor sich liegen.
- Sprechen Sie Ihr Ziel laut aus: »Ich suche meinen persönlichen Namen.« Stellen Sie sich vor, wie Bindiba die Bühne betritt und für Sie Szenen spielt, die Ihr Wunschbild darstellen. Wenn Sie die richtige Szene gefunden haben, halten Sie das mentale Bild an. Was ist die Essenz der Szene? Ist es eine Charaktereigenschaft, eine Farbe, ein Bündel von Eigenschaften in einer Sagengestalt oder einem Tier vereint? Schreiben Sie Ihre Eindrücke dazu auf, dann heben Sie den Kreis auf.
- Im zweiten Schritt begeben Sie sich auf die Suche nach dem geeigneten Namen. Sie können beispielsweise in Vornamensbüchern nach einem Namen suchen, der die wörtliche Übersetzung der Namensessenz ist. Oder Sie wählen einen Namen aus einer Sage, einem Buch oder einem Film. Wie Bindiba können Sie sich auch einen ganz eigenen Namen aus Anfangsbuchstaben verschiedener Eigenschaften oder einem Leitsatz bilden. Ob Sie den richtigen Namen gefunden haben, erkennen Sie daran, wie stark Sie sich mit ihm identifizieren und wie schnell Sie auf ihn hören bzw. sich selbst in Gedanken so ansprechen.

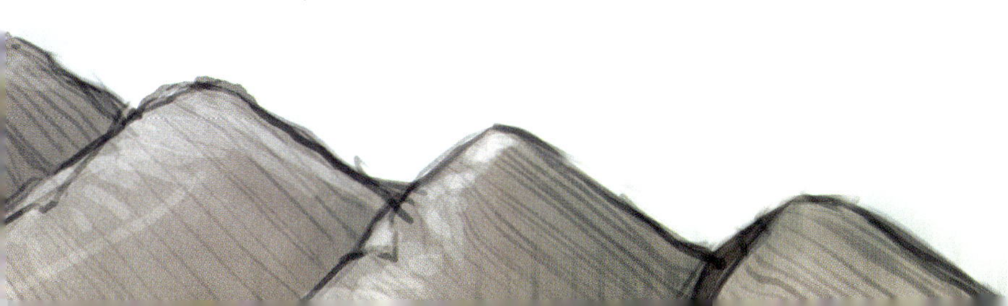

DAS AMULETT FÜR BINDIBA

Namensanhänger

Tragen Sie die Energie von Bindiba bei sich, und laden Sie Ihren Kraftnamen magisch auf, indem Sie aus Ihrem persönlichen Namen einen Anhänger herstellen. Er kann aus Tonmasse oder Holz gefertigt sein. Doch auch ein gekaufter Anhänger, der etwas darstellt, mit dem Sie sich gut identifizieren können und sich wohl fühlen, wenn Sie ihn offen als Schmuckstück tragen, erfüllt seinen Zweck. Vermeiden sollten Sie Plastik aller Art. Ritzen Sie Ihren magischen Namen in das Amulett, entweder in normaler Schrift oder unter Zuhilfenahme des Hexenalphabets. Bei einem gekauften Amulett schreiben Sie den Namen mit Lackstift. Weihen Sie den Anhänger im magischen Kreis, und konzentrieren Sie sich, was der Name für Sie symbolisiert und welche Eigenschaften Sie verstärken möchten. Singen oder sprechen Sie den Namen zum Abschluss dreimal laut aus.

NAME
Ich bin, die ich bin

BEDEUTUNG/ESSENZ
Selbstbewusstsein, Charisma, Können

(KERZEN-)FARBE
dunkelrot

DUFT/PFLANZE
Nelke, Lorbeer

EDELSTEIN
Beryll

TAROTKARTE
Der Magier

ASTROLOGIE
Löwe

BOTSCHAFT
Begegnen Sie Bindiba, wenn Sie sich mehr Selbstvertrauen und Ausstrahlung wünschen. Umgekehrt kann Bindiba Sie auch darauf hinweisen, wo Sie zu forsch auftreten und andere vor den Kopf stoßen.

SPRICHWORT
Das Geheimnis des Könnens liegt im Wollen. (Giuseppe Mazzini)

Im Café treffen Sie

Tamesis

Möchten Sie sich zu mir setzen? Ich bin Tamesis. Dieser Name bedeutet »Gefühl«, was mich im Wesentlichen ausmacht. Ich verstehe, was die innere Stimme sagt. Besonders gut höre ich diese Stimme, wenn ich mit einer vertrauten Person in einem Café sitze und mich entspannt unterhalte. Dann plötzlich weiß ich: »Genauso empfinde ich es auch, so ist es richtig!«
An diesem Gefühl erkenne ich, ob ich die richtige Person für einen so vertrauten Umgang gefunden habe.
Oft werde ich als gute Freundin um Rat gebeten, da ich Geheimnisse bewahren kann. Nur manchmal sagt mir meine Intuition, wann es klüger ist, doch jemanden einzuweihen: An manchen Geheimnissen trägt man zu schwer, so dass es besser ist, sie ans Licht zu holen. Dieses gewisse Gespür für Situationen haben wir alle, Feen wie Menschen, doch es will gepflegt werden. Auch ich verliere hin und wieder den Kontakt zu meiner inneren Stimme. Dann wird sie sehr leise und ist schwer zu verstehen. In solchen Situationen freue ich mich über eine gute Freundin, die mich daran erinnert, dass es an der Zeit ist, wieder in mich hineinzuhorchen und der Stimme zu vertrauen. Besonders gut gelingt mir das in der Natur. Dort beobachte ich vor allem den Mond, der sich ständig wandelt und doch zuverlässig ist. Er lehrte mich, dass jedes Gefühl zu seiner Zeit richtig ist.
Auch der Duft meiner Lieblingsblume, der Lilie, hilft mir dabei. Ihre weißen Blätter erinnern mich an das Licht des Mondes. Lilien wachsen nahe beim Wasser, meinem Element, das ebenso fließend ist wie Emotionen.
Durch meine Verschwiegenheit wird mir manchmal nachgesagt, ich hielte Wissen zurück oder ich sei unnahbar. Aber das ist nicht

so. Wissen ist da, um geteilt zu werden – geteilt, nicht planlos verteilt. Der beste Weg, um etwas über meine Art des Wissens zu erfahren – über mein Wissen über Gefühle, die Wege der Natur, die innere Stimme –, ist, mich einfach danach zu fragen und die eigenen Gedanken mit mir zu teilen. Daran erkenne ich echtes Interesse und den ehrlichen Wunsch, mein Vertrauen zu gewinnen.

Ich helfe gern, den Schleier zu lüften. Was darunter liegt, kann im ersten Moment angenehm, aber auch unangenehm scheinen. Meiner Rolle als guter Freundin werde ich gerecht, wenn ich die Wahrheit enthülle, wie sie ist, und nicht, wie der andere sie gerne hören möchte. Mutig weise ich darauf hin, wann genug geredet wurde und wann die Zeit reif ist für bevorstehende Taten.

DAS WILLKOMMENSRITUAL FÜR TAMESIS

Den Schleier lüften

Das Ritual für Tamesis soll Sie mit Ihrem Unbewussten in Kontakt bringen. Enthüllen Sie etwas Verborgenes, lüften Sie den Schleier, der über der Zukunft liegt, oder werfen Sie einen Blick in die Anderswelt.

- Dafür brauchen Sie Räucherwerk, eine blaue Kerze, eine dunkle Schale, die Sie mit Wasser füllen, und ein wenig schwarze oder königsblaue Tinte, um das Wasser zu färben.
- Ziehen Sie den magischen Kreis (siehe Seite 14f.) und entzünden Sie das Räucherwerk und die Kerze.
- Setzen Sie sich so vor die Schale, dass Sie sich absolut bequem fühlen – nichts soll verspannen, wenn Sie längere Zeit in dieser Position bleiben. Versuchen Sie, sich vollkommen zu entspannen und an nichts zu denken, wie bei einer Meditation.
- Schauen Sie jetzt in die Schale mit dem dunklen Wasserspiegel. Wahrscheinlich wird sich zunächst Nebel vor Ihren Augen bilden. Warten Sie, bis er wieder verfliegt. Beobachten Sie, wie Bilder aus den Tiefen emporsteigen. Falls Sie am Anfang abgelenkt sind und Ihnen profane Gedanken kommen, machen Sie sich keine Sorgen. Es ist normal, dass Sie mehrere Anläufe benötigen, solange Sie ungeübt sind. Achten Sie darauf, die Bilder nicht gewaltsam zu verdrängen, sondern sie zur Kenntnis zu nehmen und richtig einzuordnen. Dann schieben Sie sie sanft beiseite. Sie werden merken, wenn der Schleier zur Anderswelt sich hebt. Merken Sie sich die Bilder gut, die Sie erblicken, und schreiben oder zeichnen Sie die Vision auf: Wenn Sie einen Blick auf das Feenreich erhascht haben, können Sie es sich beim nächsten Mal lebendig wieder ins Gedächtnis rufen und direkt daran anknüpfen, bis Sie sich mit der Zeit in der Anderswelt ebenso selbstverständlich bewegen können wie an jedem vertrauten Ort.

DAS AMULETT FÜR TAMESIS

Kleeblatt

Dass ein vierblättriges Kleeblatt Glück bringen soll, ist bekannt. Für die Druiden galt der Klee zusätzlich als eine Pflanze, die die psychischen Kräfte verstärkt und Hellsichtigkeit fördert. Diese Wirkung macht ihn zu einem idealen Tamesis-Talisman. Als einfache Variante können Sie sich ein Schmuckstück in Kleeblattform kaufen. Eine stärkere Wirkung hat aber die echte Pflanze.

Im Blumenfachhandel bekommt man problemlos vierblättrigen Zierklee. Wählen Sie ein besonders schönes, kräftiges Blatt aus, und entfernen Sie es mit einem Messer. Danken Sie der Mutterpflanze mit einer kleinen Gabe wie z.B. einem Stein oder ganz einfach mit einem Düngestäbchen. Nun pressen Sie Ihr Kleeblatt zwischen saugfähigem Papier in einem Buch. Kleben Sie das Blatt auf eine farbige Karte, die Sie zusätzlich mit Gold- und Silberfarbe verzieren können. Schützen Sie es dann mit selbstklebender Klarsichtfolie. Pflegen Sie die Mutterpflanze als Glücksbringer weiter.

NAME
Gefühl

BEDEUTUNG/ESSENZ
Intuition, Vertrauen, Geheimnis bewahren

(KERZEN-)FARBE
blau

DUFT/PFLANZE
Jasmin, Lilie

EDELSTEIN
Mondstein

TAROTKARTE
Die Hohepriesterin

ASTROLOGIE
Mond

BOTSCHAFT
Begegnen Sie Tamesis, wenn Sie Ihre intuitiven Kräfte fördern möchten oder Ihnen eine Vertraute fehlt. Tamesis kann Ihnen helfen herauszufinden, wer das sein könnte, und wie Sie sich Ihrer Vertrauten öffnen.

SPRICHWORT
*Man sieht nur mit dem Herzen gut.
Das Wesentliche ist für die Augen unsichtbar.
(Antoine de Saint-Exupéry)*

In der Kunstgalerie treffen Sie Calista

Ich bin Calista, und ich bin schön. Mein Name bedeutet sogar »die Schönste«. Schönheit ist ein wunderbares Geschenk, da sich mir dadurch die Herzen leichter öffnen. Schönheit wird auch bei Feen sehr geschätzt. Wir lieben Dinge, die dem Auge angenehm sind, so wie die herrlichen Bilder hier in der Galerie. Auch kann ich mich an meinem eigenen Spiegelbild erfreuen. Andere sonnen sich gern in meinem Licht und suchen deshalb meine Nähe. Es wird mir schnell Vertrauen entgegengebracht, so als müsste jemand, der schön ist, automatisch auch gut sein, obwohl es eher umgekehrt ist: Jemand, der gut ist, wirkt durch sein warmes inneres Leuchten schöner. Mein Wissen um diesen Zusammenhang soll aber mein kleines Geheimnis bleiben, denn ich möchte die Schönste sein. Ich genieße die Bewunderung, die ich auslöse, und bemühe mich, den Erwartungen, die mein Äußeres wecken, gerecht zu werden. Die positiven Reaktionen, die ich bei der ersten Begegnung ernte, sind eine gute Brücke, aber sie reichen selten für den Aufbau echter Freundschaften. Diese wollen genauso gepflegt werden wie mein Aussehen, und deshalb verwende ich ebenso viel Zeit darauf, anderen eine angenehme Zeit zu bereiten wie mir selbst. Wenn mir das nicht so viel Freude bereiten würde, könnte es passieren, dass ich in der selbstversunkenen Betrachtung meines Spiegelbilds verharre wie der Jüngling Narziss in der griechischen Sage und letztlich in Einsamkeit ende. Doch dafür liebe ich das Leben viel zu sehr!

Die äußere Schönheit, die ich mitbekommen habe, unterstütze ich durch innere Ausgeglichenheit. Ich vermeide unnötigen Stress und lasse gern meine Seele baumeln, indem ich mich beispielsweise mit dem Blumenduft einer Sommerwiese umgebe, in einer klaren Quelle bade oder Honig direkt aus der Blüte trinke.

In der Zeit, wenn die Natur ihr Füllhorn über mich ausschüttet und die Obstbäume schwer von Früchten sind, fühle ich mich geradezu wie eine Göttin des Überflusses! Dieses Gefühl ist ansteckend, und weil sich alle in meiner Gegenwart beschenkt fühlen, erscheine ich ihnen noch schöner – ein positiver Kreislauf also!

Gerade im Sommer darf ich nicht vergessen, es mit dem Genuss nicht zu übertreiben. Auch ich muss für den kargen Winter vorsorgen und kann nicht ständig faulenzen. Feen sind eng mit der Natur verbunden. Spätestens wenn sich die ersten Blätter rot verfärben, werde ich an den kommenden Winter erinnert. Dann zehre ich von den schönen Erinnerungen und nähre meine Vorfreude auf die nächste Phase des Genießens, so dass mir der Verzicht nicht allzu schwer fällt.

DAS AMULETT FÜR CALISTA

Eichel der Anziehungskraft

Calistas Amulett ist ein kleines Stückchen Unwiderstehlichkeit. In Liebeszaubern sind Teile eines Eichenbaumes als besonders wirksame Zutaten bekannt. Seine Früchte galten Druiden als Symbol der Unsterblichkeit. So steigert eine im magischen Kreis mit Moschusöl eingeriebene Eichel, die Sie eine Nacht lang am Körper getragen haben, Ihre Attraktivität. Am besten tragen Sie sie danach für andere unsichtbar in Ihrer Tasche mit sich.

DAS WILLKOMMENSRITUAL FÜR CALISTA

Bad der Aphrodite

Wenn Sie Calistas Ritual durchführen, wird sie ihre Schönheit mit Ihnen teilen und Sie mit ihrer Anziehungskraft einhüllen wie mit Feenstaub.

- Lassen Sie sich dafür ein Bad mit Gardenien- oder Vanilleöl ein, und geben Sie eine Hand voll frische Blütenblätter hinein. Am besten eignen sich Gardenien oder Rosen in den Farben Rot, Pink oder Weiß. Das Ritual wirkt besonders stark, wenn Sie einige Blätter der Zaubernuss hinzugeben. Es gibt sie als Strauch in Gartencentern. Die Anschaffung dieser magischen Pflanze lohnt sich, da man die Samen als Amulett gegen Liebeskummer und die Rinde für Schutzräucherungen verwenden kann.
- Entzünden Sie vier rote Kerzen, die Sie an den Ecken der Badewanne aufstellen.
- Legen Sie sich, nachdem Sie den magischen Kreis (siehe Seite 14f.) gezogen haben, in das duftende Wasser, und betrachten Sie Ihr Gesicht in einem Spiegel, der nicht zu klein sein sollte. Stellen Sie sich vor, wie Aphrodite, die Göttin der Schönheit, Sie und Calista mit einem goldenen Staub umhüllt. Von dem Goldstaub geht eine warm leuchtende Aura aus, die Sie wie ein Lichtschein umgibt und Ihnen Attraktivität schenkt. Malen Sie sich aus, wie Sie Ihre neu gewonnene Wirkung genießen.
- Nach dem Bad schließen Sie den Kreis, nehmen die Blütenblätter aus dem Wasser und verstreuen sie im Freien.

NAME
die Schönste

BEDEUTUNG/ESSENZ
Schönheit, Anziehungskraft

(KERZEN-)FARBE
pink

DUFT/PFLANZE
Gardenie, Vanille

EDELSTEIN
Rosenquarz

TAROTKARTE
Die Kaiserin

ASTROLOGIE
Venus

BOTSCHAFT
Begegnen Sie Calista, wenn Sie Ihre Attraktivität steigern wollen oder wenn es an der Zeit ist, sich zu verwöhnen und das Leben zu genießen.

SPRICHWORT
Schön ist alles, was man mit Liebe betrachtet. (Christian Morgenstern)

Vor dem Schloss treffen Sie

Bronte

Mein Name ist Bronte und bedeutet »Donner«. Wer mich gut kennt, meint, der Name käme von dem Donnerwetter, das ich loslasse, wenn eine Sache nicht nach meinem Willen geht. Ich selbst verstehe meinen Namen eher als Ausdruck eines Donnerhalls, nachdem ich etwas gesagt habe. Es ist effizienter, wenn jemand die Führung übernimmt und die anderen leitet, und offen gestanden bin ich gern dieser Jemand. Sich ohne Regeln und ohne Disziplin auf den glücklichen Zufall zu verlassen, um etwas zu erreichen, das wäre mir zu unsicher. Ich kann einfach nicht mit ansehen, wenn ein viel versprechendes Projekt im Chaos versinkt, nur weil kein vernünftiger Plan verfolgt wurde. Sie können sich auf jeden Fall darauf verlassen: Wenn ich einen Plan habe, werde ich alles daran setzen, dass er umgesetzt wird. Auch wird mir nachgesagt, meine Vorhaben seien mit Weitsicht geplant, und darauf bin ich stolz. Ich habe eine Vision von einer idealen Welt, die ich verfolge. Diese Vision schützt mich davor, festgefahren und stur zu werden, denn aus ihr ziehe ich meine Inspiration und Phantasie, das unwägbare Element in meiner logischen Weltsicht. Aus der Fähigkeit heraus, einen visionären Traum zu träumen, entstehen meine besten Ideen, doch nur mit Disziplin können sie auch Wirklichkeit werden.

Die ganze Welt besitzt eine innere Struktur. Schauen Sie sich die Gesetzmäßigkeiten an: der Wechsel zwischen Ebbe und Flut, der Lauf des Mondes oder die Richtung, in die Wasser strömt. Man könnte diese Gesetze als beengend empfinden, doch ich sehe das anders: Die Struktur in jedem Ding, jeder Beziehung und jedem Leben zu erkennen und anzunehmen gibt mir Kraft und ist im wahrsten Sinn des Wortes mein Fundament. Die Festigkeit dieses Fundaments soll aber nicht nur mich, sondern auch diejenigen schützen, für die ich Verantwortung trage – etwa die unerfahrenen, hilflosen oder leichtsinnigen Feen meines Clans. Sie sind häufig nicht stark genug, um sich in unserer Welt durchzusetzen, oder sie haben kein klares Ziel vor Augen, das sie systematisch verfolgen könnten. Das ist übrigens ein fortwährendes Gesprächsthema mit den Feen des Wassers und der Luft, die der Meinung sind, ohne den ein oder anderen Irrweg gäbe es keine Entwicklung, ohne Irrationalität keine Intuition. Ich für mein Teil verlasse mich jedoch lieber auf Regeln. Sie sind ein essenzieller Bestandteil meines Weltbilds und sollten jederzeit eindeutig und nachvollziehbar sein. Regeln, die zu nichts anderem dienlich sind, als die eigene Macht zu demonstrieren, sind nutzlos. Bei mir gibt es keine Regel ohne Zweck und keine Autorität ohne Legitimation. Ich mische mich nicht in Angelegenheiten, die mich nichts angehen.

Eine der schwersten Aufgaben für mich ist anzuerkennen, dass es auch Meinungen gibt, die von meiner abweichen, und die trotz eines Mangels an Logik ihre Berechtigung haben, ja sogar zu einer höheren Autorität werden können, der auch ich mich beugen muss. Wem es gelingt, mich dennoch zu überzeugen, kann jederzeit auf mich zählen und mit meiner vollen Unterstützung rechnen.

NAME
Donner

BEDEUTUNG/ESSENZ
Durchsetzungskraft, Disziplin, Autorität

(KERZEN-)FARBE
rot

DUFT/PFLANZE
Holunder, Muskat

EDELSTEIN
Hämatit

TAROTKARTE
Der Kaiser

ASTROLOGIE
Steinbock

BOTSCHAFT
Begegnen Sie Bronte, wenn Sie Ihre Durchsetzungskraft stärken möchten oder wenn Sie lernen wollen, mit Autorität umzugehen – mit Ihrer eigenen und der von anderen.

SPRICHWORT
Taten sind Früchte, Worte nur Blätter. (griechisches Sprichwort)

DAS WILLKOMMENSRITUAL FÜR BRONTE

Eine Feenleiter herstellen

RITUAL

Brontes Leiter bringt Sie vorwärts, Ihrem Ziel näher. Sie brauchen dafür Bänder in Rot, Gold und Grün, zwei goldene Sterne (z.B. aus Goldpapier ausgeschnitten) und mehrere frische dünne Zweige von Sträuchern, möglichst mit kleinen Knospen. Zwei der Zweige sollten mindestens zehn Zentimeter lang sein. Sehr gut eignen sich dünne Bambuspflanzen, Eichenzweige oder Lorbeer, da deren Verbindung mit Erfolg, Glück und Willenskraft die Energie des Rituals unterstützt.

- Ziehen Sie den magischen Kreis (siehe Seite 14f.), und entzünden Sie eine grüne Kerze, die Sie vorher mit Speiseöl eingerieben haben.
- Stellen Sie sich vor, wie Brontes Kraft sich auf Sie überträgt, und folgen Sie ihr, die vor Ihnen her eine Leiter emporsteigt. Behalten Sie dabei das Bild Ihres Ziels vor Augen, und vergessen Sie nicht, welche Bilder und Situationen währenddessen an Ihnen vorbeigezogen sind. Genießen Sie den Aufstieg und die Aussicht, die sich Ihnen bietet.
- Binden Sie dann die Zweige mit den farbigen Bändern so zusammen, dass eine Leiter entsteht. An der Spitze der Leiter befestigen Sie die goldenen Sterne, um zu symbolisieren, dass nur das Firmament die Grenze nach oben ist.
- Stellen Sie die Feenleiter aufrecht in einer Wasserschale an ein Fenster, und füllen Sie frisches Wasser nach, solange die Zweige noch Flüssigkeit aufnehmen. Erst wenn sie welk und dürr werden, trocknen Sie das Endprodukt. Lassen Sie die Leiter am Fenster stehen.

DAS AMULETT FÜR BRONTE

Kleine Feenleiter

AMULETT

Als Amulett für Bronte können Sie eine stabilere Miniaturversion der Feenleiter aus Zündhölzern herstellen, deren Zündkopf zuvor entfernt wurde. Wenn Sie die Leiter bei sich tragen wollen, sollten Sie die Sprossen zusätzlich mit einem Tropfen Alleskleber verleimen. Befestigen Sie daran zusätzlich ein Blatt des Strauchs, den Sie für die »große« Leiter verwendet haben, damit die Erfolgsenergie aus dem Ritual im Amulett weiterwirkt.

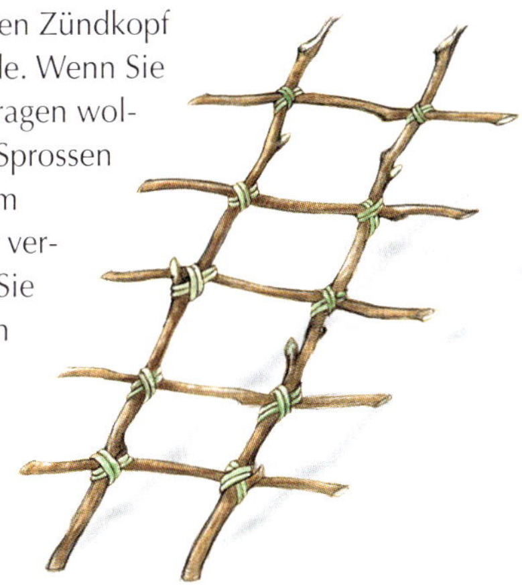

In der Bibliothek treffen Sie

Ethelind

Ich heiße Ethelind, ein nordischer Name, der mich als »noble Weise« bezeichnet. Hoffentlich fühlen Sie sich jetzt nicht an ein staubiges Klassenzimmer erinnert. Ich selbst sehe mich lieber als Geschichtenerzählerin. Ja, ich verfüge über viel Wissen. Ich habe stets gern gelernt und bin auch der Meinung, dass Wissen in einer gewissen Form und Struktur erhalten und weitergegeben werden sollte, damit es nicht durch Ungenauigkeiten wertlos und verwässert wird. Es erleichtert das Lernen für diejenigen, die die natürliche Gestalt der Dinge nicht ohne weiteres erkennen können. Deshalb muss es nicht gleich trocken, langweilig oder als unumstößliches Dogma gelehrt werden! Eine lebensnahe, spannend erzählte Geschichte oder überliefertes altes Liedgut eignen sich viel besser, Wissen lebendig und doch ursprünglich zu halten. Wir können z.B. viel über längst ausgestorbene Lebewesen erfahren, wenn wir Fossilien betrachten. Jedoch erst die Geschichten von ihrem Leben, wie sie jagten, sich fortpflanzten und ihre Jungen aufzogen, gibt uns ein greifbares Bild ihrer Welt.

Ich gebe zu, meine Berufung des Lehrens ist für Feen ungewöhnlich. Formalisiertes Wissen ist in meinem Volk nicht üblich, da wir die meisten unserer Kenntnisse direkt aus der Natur aufnehmen. Doch nicht alle Wesen können das, und jenen möchte ich helfen, die auf eine andere Art Erfahrungen sammeln müssen. Meine Schüler – meistens sind es Menschen – nehmen mich gerne als Vorbild. Das macht mich stolz, da mir die Rolle des Mentors liegt. Es ist ungeheuer befriedigend, einem hungrigen Geist behilflich zu sein, sich weiterzuentwickeln. Ich lege dabei auch Wert auf Moral. Wissen und die Institutionen, in denen gelehrt wird, können leicht missbraucht werden, und so versuche ich, auch den verantwortungsbewussten Umgang mit Wissen zu lehren. Das war nicht immer so. Manchen Schülern hätte ich am liebsten alles vorenthalten. Ich hielt sie für nicht würdig, es zu empfangen, weil sie zu dumm, zu unreif, zu verantwortungslos waren. Begründet habe ich meine Entscheidung mit formalen Regeln. Auch Widerspruch duldete ich nicht gern, mit dem Ergebnis, dass sich die Schüler, die mir geblieben waren und die ich unterrichten wollte, von mir abwandten. So zu lehren, dass der Lernende seine neu erworbenen Kenntnisse fruchtbar einsetzen kann und sich und anderen keinen Schaden zufügt, ist die größte Herausforderung, denn sie verspricht auch persönliche Zufriedenheit. Ich bin nicht mehr nur die Hüterin der Bibliothek, ich bin Geburtshelferin neuer Ideen, und gleichzeitig erinnere ich an alles, was an unseren Traditionen sinnvoll und nützlich ist. Ich könnte mir keine schönere Aufgabe wünschen!

DAS WILLKOMMENSRITUAL FÜR ETHELIND

Feen-Medizinbeutel herstellen

Medizinbeutel sind Talismane der nordamerikanischen Ureinwohner. Sie werden am Gürtel oder um den Hals getragen und enthalten Fundstücke aus der Natur wie beispielsweise Samen, Steine, Holzstücke, die bestimmte Energien und spirituelle Kräfte symbolisieren. Ein Feenbeutel ist eine besondere Form eines solchen Talismans. In ihm bewahren Sie Geschenke aus dem Feenreich auf. Der Beutel sollte deshalb »feenhaft« gestaltet sein, mit farbenfrohen, verspielten Details. Ein Brokatbeutel, wie es ihn in Asiengeschäften gibt, eignet sich hervorragend. Sie können ihn noch individuell mit Perlen und kleinen Anhängern schmücken. Auch ein Glöckchen sollte daran befestigt sein. Als Nahrung für die spirituellen Wesen sollten sich immer einige Körner oder Nüsse in dem Beutel befinden.

Zum Schluss geben Sie etwas ganz Persönliches hinein, das Sie selbst symbolisiert, z.B. eine Haarsträhne, ein kleines Foto oder ein Zettel mit Ihrer Unterschrift. Weihen Sie den Beutel im magischen Kreis (siehe Seite 14f.), und bitten Sie Ethelind, Ihnen die Augen für die Geschenke zu öffnen, die Sie darin aufbewahren wollen, und Ihnen ihre Bedeutung klar werden zu lassen. Ethelind schenkt Ihnen ein Stück der uralten Weisheit der Natur.

DAS AMULETT FÜR ETHELIND

Feen-Medizinbeutel

Der im Willkommensritual gefertigte Beutel ist gleichzeitig das Amulett für Ethelind. Um ihn zum Leben zu erwecken, müssen Sie ihn noch füllen. Halten Sie dafür auf jedem Spaziergang die Augen offen, und achten Sie darauf, welche Dinge sich Ihnen offenbaren. Wenn Sie das Gefühl haben, dabei Hilfe aus dem Feenreich zu brauchen, läuten Sie das Glöckchen. Kräuter, ein auffällig gefärbter Stein oder eine besonders farbenprächtige Feder sind häufige Feengeschenke. In meinem eigenen Beutel befinden sich aber nicht nur Teile aus der Natur: Auch eine Glasmurmel oder ein Knopf können als Geschenk gedacht sein. Wichtig ist nur, dass sich in dem Beutel nichts Gekauftes befindet, es müssen ausschließlich Fundstücke sein.

NAME
die noble Weise

BEDEUTUNG/ESSENZ
Lehrer, Gelehrter, Lernen

(KERZEN-)FARBE
königsblau

DUFT/PFLANZE
Anis, Wacholder

EDELSTEIN
Chalzedon

TAROTKARTE
Der Hierophant

ASTROLOGIE
Schütze

BOTSCHAFT
Begegnen Sie Ethelind, wenn Sie auf Ihrer Lebensreise in einer Phase des intensiven Lernens angelangt sind, wenn Sie mit einer Lebenslektion Schwierigkeiten haben oder wenn Sie selbst die Rolle eines Lehrers annehmen und Ihr Wissen weitergeben wollen.

SPRICHWORT
Weise ist, der von jedem Menschen lernen kann.
(persisches Sprichwort)

Auf der Parkbank sitzt

Amitola

Kommen Sie, und leisten Sie mir doch ein wenig Gesellschaft! Ich bin verliebt, und gerade eben ist mein Liebster gegangen. Mein Name, Amitola, soll an die Verbindung zwischen zwei Personen erinnern. Er bedeutet »Regenbogen« und stellt sinnbildlich eine himmlische Brücke dar. Diese Brücke ist nicht greifbar, ebenso wenig wie unsere Gefühle für eine andere Person, sie ist aber dennoch vorhanden, deutlich sichtbar und strahlend. Im Bild des Regenbogens steckt auch die Verbindung von Gegensätzen: Sonne und Regen müssen zusammenkommen, damit das farbige Wunder entstehen kann. Ohne meinem Liebsten zu begegnen, wäre das Wunder unserer Liebe nicht entstanden. Es kommt also darauf an herauszufinden, was den anderen so einzigartig macht, so dass ein Regenbogen sichtbar werden kann. Ein wunderschönes Liebesmärchen mit Anspielungen auf das Feenreich ist die Geschichte von Däumelinchen. Dieses winzige Mädchen, aus einer Blume entsprungen, will aus Dank und Pflichtgefühl den Maulwurf heiraten, da er sie aus einer Notlage befreit hat. Ihre Natur verkümmert jedoch in den dunklen unterirdischen Gängen – sie ist für ein solches Leben einfach nicht gemacht und verleugnet sich. Als sie das schließlich erkennt, findet sie ihre wahre Liebe: einen Feenprinzen!

Das ist meine zweite Erkenntnis: Nur wenn ich weiß, wer ich wirklich bin und was ich wirklich brauche, um mein inneres Wesen entfalten zu können, kann ich eine glückliche Beziehung eingehen. Nichts anderes kann die Basis sein, auch Pflichterfüllung nicht.

Mein Herz ist ein einziger Rosengarten, leuchtend und duftend, so wie der, der uns umgibt. Wenn ich liebe, dann fließt mein Herz über, und ich möchte diesen Überfluss teilen, keine Sekunde ohne den anderen sein und wünsche mir, dass meine Gefühle in gleicher Stärke erwidert werden. Ununterbrochen denke ich an meinen Liebsten. Leider holt mich nur allzu oft der Alltag ein und verlangt meine Aufmerksamkeit. Unter dem Regenbogen herumzutollen ist nun mal nicht meine einzige Beschäftigung. Ich muss gestehen, meine Freunde, meine Aufgaben vernachlässige ich zur Zeit häufig. Und auch die Bedürfnisse, die nur ich allein habe, verhallen ungehört. Dabei war ich früher gern mit mir allein und hing meinen eigenen Gedanken nach. Sicher schadet es nicht, diese himmelhochjauchzende Phase in vollen Zügen zu genießen, denn dieses Glücksgefühl wirkt schließlich ansteckend: Ich gebe meinen Freunden, die gerade allein sind, Hoffnung! Solange ich das Alleinsein nicht verlerne und meine Freunde und Pflichten nicht vergesse, will ich die rosaroten Momente auskosten als leuchtende Erinnerung für grauere Zeiten.

NAME
Regenbogen

BEDEUTUNG/ESSENZ
Liebe, Beziehung

(KERZEN-)FARBE
purpur

DUFT/PFLANZE
Rose

EDELSTEIN
Smaragd, Koralle

TAROTKARTE
Die Liebenden

ASTROLOGIE
Zwillinge

BOTSCHAFT
Begegnen Sie Amitola, wenn Sie auf der Suche nach Liebe sind, Ihre bestehende Beziehung vertiefen, verbessern und schätzen lernen wollen oder wenn Sie Liebeskummer haben.

SPRICHWORT
Nicht die Gabe ist kostbar, sondern die Liebe. (russisches Sprichwort)

DAS WILLKOMMENSRITUAL FÜR AMITOLA

Rosenpfad der Liebe

Amitolas Ritual ist ein symbolischer Wegweiser, der die Liebe zu Ihnen führt. Dabei ist es unwesentlich, ob Sie einen Partner suchen oder ihn schon gefunden haben – auch in einer bestehenden Beziehung ist es wunderbar, wenn die Liebe immer wieder von neuem an die Tür klopft.

- Für das Ritual benötigen Sie die Blütenblätter von sechs roten Rosen, die Sie zunächst im magischen Kreis (siehe Seite 14f.) aufladen, indem Sie sie dreimal durch Rosenweihrauch führen.
- Gehen Sie dann mit den Blättern nach draußen, und entfernen Sie sich etwa 100 Meter von Ihrem Wohnhaus.
- Streuen Sie eine Spur aus Rosenblättern zu Ihrer Haustür, und wiederholen Sie dabei – laut oder in Gedanken – den folgenden Spruch:

  Wo Rosen sich zum Pfad verbinden,
  soll mich die wahre Liebe finden.
- Das letzte Rosenblatt legen Sie unter Ihre Fußmatte.

DAS AMULETT FÜR AMITOLA

Herzanhänger

Das Herz ist eines der bekanntesten Symbole für Liebe und Zusammengehörigkeit. Um die Liebe zu sich einzuladen, eignet sich ein Herzanhänger hervorragend. Wenn er aus Silber ist, steht das für die intensive Gefühlswelt des Mondes, dem dieses Metall zugeordnet ist. Eine leidenschaftlichere Komponente bringt ein Anhänger aus Kupfer, dem Metall der Liebesgöttin Venus. Feenenergie lässt sich allerdings besser in Steinen als in Metall konzentrieren. Besonders starke Liebesenergie hält sich am besten in Smaragden, Amethysten oder im Rosenquarz. Weihen Sie Ihren Anhänger im magischen Kreis, und entzünden Sie eine Kerze in der Farbe des Anhängers, die Sie auf einem feuerfesten Untersetzer völlig niederbrennen lassen. Vergraben Sie Wachsreste im Freien, falls möglich unter einem Rosenstrauch.

Am Bahnhof begegnen Sie

Almeda

Ich heiße Almeda, was soviel wie »strebt zum Ziel« bedeutet. Mein Name ist gleichzeitig meine Maxime, von der Redewendung »Der Weg ist das Ziel« halte ich allerdings wenig. Natürlich achte ich auf meinen Weg, wenn ich unterwegs bin, und die Schönheit eines von Heckenrosen oder Haselsträuchern gesäumten Pfades entgeht mir nicht. Aber in erster Linie halte ich danach Ausschau, ob ein Hindernis meinen Weg blockiert oder ob meine Route eine bestimmte Ausrüstung erfordert. Ich bin nun einmal hauptsächlich daran interessiert, so rasch wie möglich an meinen Zielort zu kommen, und nichts ist ärgerlicher, als unterwegs festzustellen, etwas Entscheidendes vergessen zu haben. Unnötiger Aufwand bringt mich zur Raserei, fast ebenso sehr wie sinnloses Herumlungern. In meinen Augen ist das Zeitverschwendung. Übrigens gefallen mir Bahnhöfe sehr gut. Obwohl das Gewimmel vieler Menschen nach einem großen Durcheinander aussieht, hat das Ganze denn doch Struktur. Alle Züge haben einen festen Bestimmungsort und feste Abfahrtszeiten, es gibt Fahrpläne und sogar einen Auskunftsschalter. Im Feenreich gibt es nichts Vergleichbares. Wir müssen uns unsere Wege selbst suchen, und es passiert leicht, das Ziel aus den Augen zu verlieren. Ich bin deshalb gerne auf alle Eventualitäten vorbereitet. Dazu gehört, meine Kräfte sinnvoll einzuteilen. Die beste Landkarte nützt nichts, wenn ich vorher erschöpft umfalle! Viele Ziele sind schließlich nicht nur an einen Ort, sondern auch an eine bestimmte Zeit gebunden. Große Feenversammlungen etwa, bei denen wir unsere Magie in der Gemeinschaft wirken, gehören zu den wenigen streng geplanten Ereignissen in meiner Welt. Wer zu spät kommt, kann nicht mehr teilnehmen. Nur selten sind wir vollständig, denn es gibt immer jemanden, der sich unterwegs ablenken lässt und sich verzettelt. Das soll mir nicht passieren. Ich will die Kontrolle behalten, meistens jedenfalls. Manchmal habe ich auch andere Gefühle, dann möchte ich richtig über die Stränge schlagen und dem Leichtsinn die Zügel schießen lassen. Nur der Gedanke an mein Ziel hindert mich schließlich daran, es auch wirklich zu tun – vorausgesetzt, das Ziel ist wichtig genug. Die Entscheidung darüber, wohin die Reise gehen soll, steht an oberster Stelle und ist noch wichtiger als der beste und sorgfältigste Plan. Offen gestanden habe ich Spaß an Wettkämpfen. Ich genieße den Sieg und freue mich über einen ehrlich erworbenen Triumph. Ich komme gern als Erste an. Auch dabei macht gute Vorbereitung und effizienter Einsatz meiner Kräfte einen Teil meines Erfolges aus.

NAME
strebt zum Ziel

BEDEUTUNG/ESSENZ
Reise, Aufbruch, Ziel

(KERZEN-)FARBE
hellrot

DUFT/PFLANZE
Bergamotte, Fenchel

EDELSTEIN
Rubin

TAROTKARTE
Der Wagen

ASTROLOGIE
Jupiter

BOTSCHAFT
Begegnen Sie Almeda, wenn Sie im Begriff sind, eine (wirkliche oder spirituelle) Reise zu unternehmen, wenn Sie Ihre Zielgerichtetheit entwickeln möchten oder wenn Sie das Gefühl haben, in einer Sackgasse zu stecken.

SPRICHWORT
Ägypten ist nicht weit für den, der hin will. (arabisches Sprichwort)

DAS WILLKOMMENSRITUAL FÜR ALMEDA

Verwunschene Körner

Verwunschene Körner sind eine Hilfe, um ein Ziel besonders schnell zu erreichen. Im übertragenen Sinne verleihen sie Flügel. Für das Ritual benötigen Sie eine gute Hand voll Körner, die für Vögel bekömmlich sind, z.B. Hirse, Mais und Sonnenblumenkerne.

- Ziehen Sie den magischen Kreis (siehe Seite 14f.). Lassen Sie die Körner von einer Hand in die andere rieseln.
- Konzentrieren Sie sich auf eine Reise, die wie im Flug vergeht, und stellen Sie sich die Schwingen vor, die Sie durch die Lüfte tragen, und Almeda, die Ihnen den Weg weist.
- Lassen Sie die Körner schließlich auf den Tisch fallen, so dass sie sich verteilen. Die Körner bilden jetzt eine Art magischer Landkarte.
- Halten Sie Ihre Hände darüber, und sagen Sie dreimal: *Schnell wie der Wind bring mich an mein Ziel.*
- Geben Sie die Körner wieder in den Amulettbeutel, und schließen Sie den Kreis.

DAS AMULETT FÜR ALMEDA

Magischer Körnerbeutel

Das Amulett für Almeda ist der Aufbewahrungsbeutel für die verwunschenen Körner. Sie können einen Beutel nähen oder kaufen. Die einfachste Variante ist ein Beutel aus kreisförmig zugeschnittenem Stoff, der am Rand entlang mit Löchern versehen wird, durch die Sie ein Band zum Verschließen fädeln. Wählen Sie den Beutel in Ihrer Lieblingsfarbe, und verzieren Sie ihn mit Symbolen für Reisen, z.B. einer Weltkugel, verschiedenen Verkehrsmitteln oder einer Windrose mit den Himmelsrichtungen. Füllen Sie den Beutel mit den verwunschenen Körnern aus dem Willkommensritual, und weihen Sie ihn im magischen Kreis. Wann immer Sie schnell ans Ziel gelangen wollen, nehmen Sie ein paar Körner aus dem Beutel, und verstreuen Sie sie, am besten an einer Stelle, wo sie von Vögeln aufgepickt und davongetragen werden.

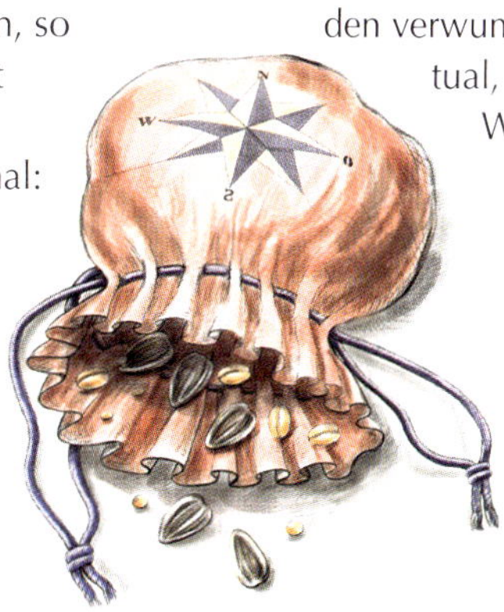

In der Schmiede arbeitet

Brighid

Hören Sie den Klang meines Ambosses? Für mich gibt es kein schöneres Geräusch! Meinen Namen, Brighid, habe ich von einer keltischen Göttin erhalten. Ihre Qualitäten waren neben der Poesie auch die Schmiedekunst. Es kommt nicht von ungefähr, dass ich nicht nur Metall, sondern auch Verse schmieden kann. Die Erfahrung, dass Musik, Handwerk und Kunst derselben kreativen Quelle entspringen, ist für mich jedes Mal aufs Neue erhebend. Wörtlich übersetzt bedeutet mein Name »Stärke«. Stärke brauche ich, um meinen Hammer schwingen zu können, aber gemeint ist vor allem die Stärke in mir. Ich bin so voller Energie, dass sie förmlich aus mir hervorbrechen und zum Ausdruck kommen will. Vielleicht haben Sie schon davon gehört, dass das Feenvolk Eisen verabscheut. Dafür gibt es gute Gründe: Aus Eisen wurden häufig Fallen, Waffen und Fesseln angefertigt, die zur Unterdrückung und Zerstörung der Natur dienten. Uns Feen wollten schon viele Menschen in eiserne Ketten legen, um unsere Fähigkeiten missbrauchen zu können.

Doch Eisen kann auch anders eingesetzt werden, und das wissen wir sehr zu schätzen. Es kann durchaus vorkommen, dass sich auf einem kunstvoll gestalteten schmiedeeisernen Gartentor ein paar Feen niederlassen. In der Hand eines Schaffenden, als schöpferischer Ausdruck, wird jedes Material gut.

Außer Metall oder Ton forme ich auch mich selbst. Mich selbst zu verbessern, indem ich schlechte Angewohnheiten durch gute ersetze, macht mir beinahe ebenso viel Freude wie die Erschaffung eines Kunstwerks. Am längsten hat es allerdings gedauert, meine Unordentlichkeit in den Griff zu bekommen.

Wenn die schöpferische Inspiration mich packt, möchte ich nämlich am liebsten alles stehen und liegen lassen und mich nur noch meiner Arbeit widmen. Ich habe mir schon viel Ärger eingebrockt, entweder weil ich Pflichten vernachlässigt habe, oder weil ich mein notwendiges Werkzeug nicht finden konnte, als ich es am dringendsten gebraucht hätte. Wenn es mir aber gelingt, mich selbst zu bändigen, erfüllt mich das mit Stolz. Wenn mir das Gefühl sagt, es gäbe an mir nichts mehr zu verbessern, benutze ich meine Umwelt als Spiegel. So wie die Natur ständig im Wandel ist, treffe auch ich auf immer neue Herausforderungen, an denen ich arbeiten und wachsen kann.

Die schöpferische Kraft ist der göttliche Funke in uns. Nicht allen Wesen ist es gegeben, bewusst etwas zu erschaffen. Meine eigene Kreation ist jedoch etwas Bleibendes, ich muss mich daran messen lassen. Dazu gehört allerdings Mut. Manchmal verlässt er mich. Doch meine Leidenschaft für meine Berufung und die Sehnsucht nach dem Lied des Ambosses sind stärker und lassen mich wieder zu meinem Hammer greifen.

DAS WILLKOMMENSRITUAL FÜR BRIGHID

Arbeit mit dem Feenstab

RITUAL

Feenstäbe sind besondere Zauberstäbe. Sie dienen dazu, magische Energie zu verteilen und in Kontakt zu treten zur Feenwelt. Wenn Sie kreativ arbeiten, kann die Arbeit mit einem Feenstab Ihre Phantasie beflügeln und Sie inspirieren.

- Suchen Sie sich für Ihren Stab einen dünnen, möglichst geraden Ast von etwa 50 Zentimeter Länge. Sehr gut geeignet sind Weiden- oder Haselruten. Es spielt keine Rolle, ob Sie den Ast am Boden liegend finden oder ihn abschneiden. Achten Sie nur im letzteren Fall darauf, den Baum als Lebewesen sorgsam zu behandeln und den Zweig nicht grob abzureißen. Vergessen Sie nicht, sich bei der Natur für das Geschenk zu bedanken!
- Sammeln Sie kleine Gegenstände aus der Natur, z. B. Rindenstücke, Bucheckern, Federn oder kleine Steine.
- Diese Fundstücke befestigen Sie im magischen Kreis (siehe Seite 14f.) mit Bast an der Spitze des Stabes.
- Schmücken Sie den Stab mit farbigen Bastbändern, und befestigen Sie am unteren Ende ein Glöckchen. Wenn Ihnen weitere Verzierungen einfallen, arbeiten Sie sie mit ein – lassen Sie Ihrer Phantasie freien Lauf!
- Lösen Sie den magischen Kreis auf, und lassen Sie den Stab über Nacht im Freien bei den Feen. Wenn Sie ein kreatives Projekt in Angriff nehmen, berühren Sie mit dem Feenstab Ihre Arbeitsfläche, Ihr Werkzeug und Material, zu dem auch Papier, Drucker und Computer zählen, und bitten Sie Brighid, ihr kreatives Feuer mit Ihnen zu teilen.

DAS AMULETT FÜR BRIGHID

Haselnuss

AMULETT

Der Haselstrauch war für die Kelten ein Gewächs der Weisheit, Inspiration und Poesie. Die Nüsse wurden von Druiden vor dem Befragen eines Orakels verzehrt. Als Kreativitätsamulett für Brighid suchen Sie auf einem Spaziergang eine Haselnuss in der Schale. Weihen Sie sie zusammen mit einem kleinen Amethyst im magischen Kreis. Tragen Sie Nuss und Stein bei sich. Wenn Sie dringend eine Inspiration benötigen, konzentrieren Sie sich auf Brighid, und essen Sie die Nuss.

NAME
Stärke

BEDEUTUNG/ESSENZ
Kreativität, Schaffenskraft

(KERZEN-)FARBE
orange

DUFT/PFLANZE
Ylang-Ylang, Koriander

EDELSTEIN
Amethyst

TAROTKARTE
Die Kraft

ASTROLOGIE
Mars

BOTSCHAFT
Begegnen Sie Brighid, um Inspiration und Schaffenskraft in Ihr Leben zu holen und wenn es darum geht, die Arbeit an eigenen Schwächen in Angriff zu nehmen. Sie ist als Begleiterin für Phasen geeignet, in denen Sie an eine Sache mit Leidenschaft herangehen wollen.

SPRICHWORT
Im Leben kommt es darauf an, Hammer oder Amboss zu sein – aber niemals das Material dazwischen. (Norman Mailer)

Auf dem Hügel treffen Sie Velda

Sie haben also den Weg zu mir gefunden. Willkommen. Mein Name ist Velda. Ich liebe die Einsamkeit. Mein Name bedeutet »von großer Weisheit«, und diese Weisheit habe ich durch Beobachtung erworben. Von meinem Hügel aus kann ich weit ins Land blicken, und wenig bleibt meinen Augen verborgen. Oft höre ich, dass ich eine alte Seele sei. Unser Feenvolk selbst ist sehr alt, und auch ich habe viel gesehen und erlebt, bevor ich mich zurückgezogen habe – genug für viele Leben. Ich lernte aus dem Wandel der Jahreszeiten, wie z.B., dass jeder Ruhe braucht, so wie die Erde im Winter ruht. Hätte ich mir diese Zeit nicht genommen, hätte ich viele meiner Beobachtungen nicht verarbeiten und in tiefes Wissen verwandeln können. Es ist ein einfaches Leben, das ich führe. Dank der Ruhe und des Friedens, die ich in mir selbst gefunden habe, und dank der Natur, die mich umgibt, fühle ich mich nie einsam, denn ich bin ein Teil des großen Ganzen. Dazu ist es notwendig, mir meiner selbst bewusst zu sein. Ich kümmere mich wenig darum, was Außenstehende über mich denken: Ich bin mir meines Weges sicher.
Natürlich habe ich nichts gegen Besuch, im Gegenteil: Ich freue mich darüber. Ich habe sogar ein Licht draußen aufgestellt, damit Besucher den Weg zu mir leichter finden. Zusammen mit mir genießen sie den Blick von meinem Hügel und können aus dieser Distanz ihr eigenes Leben in einem größeren Zusammenhang sehen. Viele haben in der Hektik ihres Lebens sich selbst verloren und lernen bei mir in der Stille, wieder auf die Wünsche und Sehnsüchte ihrer Seele zu lauschen. Andere wieder wollen mir von ihren Erlebnissen berichten, von weiten Reisen und großen Entdeckungen.

All diesen Besuchern die Tür zu öffnen ist auch für mich wichtig, damit ich nicht zu einer eigenbrötlerischen, weltfremden Gestalt werde, die statt über Lebensweisheit nur noch über nutzlose, veraltete Klischeebilder verfügt.

Die meiste Zeit bin ich zuverlässig hier an diesem Ort zu finden. Fast sieht es so aus, als würde ich nichts außer dem ruhigen, zurückgezogenen Dasein kennen. Doch täuschen Sie sich nicht, ich kann auch ein regelrechtes Irrlicht sein. Dann lasse ich meine Laterne mal hier, mal dort aufflackern und amüsiere mich über die verwirrten Gesichter der Wanderer, die von dem unsteten Lichtschein ins Dickicht gelockt werden.

In erster Linie soll auf diese Weise ihre Aufmerksamkeit und geistige Beweglichkeit auf die Probe gestellt werden. Es ist nämlich gefährlich, einem Vertrauen erweckenden Lichtschein blind zu folgen, ohne sich zu fragen, ob der Weg in die richtige Richtung führt. Verlassen Sie sich also immer auf Ihren Orientierungssinn und auf Ihre Augen!

Mein Geschenk an jeden Besucher ist eine Muschel, die an den Ozean erinnern soll: Seine Stille ist grenzenlos, und unter seinen Wellen verbirgt sich eine Welt von unendlichem Reichtum. Diese Welt erschließt sich dem am besten, der sie in aller Ruhe zu erforschen versteht.

DAS AMULETT FÜR VELDA

Muschel

Die Muschel ist ein Symbol für die Vollkommenheit der Natur. Die schlichte und doch komplexe Form von Schneckenmuscheln ist eine ganze Welt in sich. Weihen Sie Ihre Muschel im magischen Kreis, und lassen Sie sie eine Vollmondnacht lang in einer Wasserschale im Mondlicht liegen. Am besten nehmen Sie eine, die Sie selbst gefunden oder die Freunde Ihnen mitgebracht haben, keine gekaufte also. Immer, wenn Sie das Gefühl haben, Sie würden sich gern zurückziehen und der Hektik entgehen, halten Sie die Muschel an Ihr Ohr und lauschen ihrem Rauschen.

DAS WILLKOMMENSRITUAL FÜR VELDA

Kerze der Erleuchtung

Das Ritual für Velda ist eine Kerzenmeditation, bei der das Licht der Flamme an das Leuchten einer Laterne erinnert.

- Sie benötigen dafür eine blaugrüne Kerze, etwas neutrales Pflanzenöl und einen kleinen kristallklaren Halbedelstein. Am besten funktioniert das Ritual mit einer selbst gemachten Kerze. Wenn Sie lieber eine Kerze kaufen möchten, sollten Sie darauf achten, dass die Kerze aus natürlichem Bienenwachs oder aus einer Bienenwachs-Paraffin-Mischung hergestellt wurde. Natürliche Substanzen sind besser als künstliche, da in ihnen die Kraft und die Energie der Natur wirkt.
- Ziehen Sie den magischen Kreis (siehe Seite 14f.).
- Erwärmen Sie den unteren Teil der Kerze so, dass Sie den Edelstein hineindrücken können.
- Salben Sie die Kerze mit dem Öl, und zwar von den Enden beginnend nach innen, zur Kerzenmitte. Konzentrieren Sie sich dabei auf das, was Sie von Velda über Ihren persönlichen Weg erfahren möchten.
- Entzünden Sie die Kerze, und bitten Sie dabei um Licht für Ihren Weg:

  So hell wie diese Flamme, so klar wie dieser Kristall
  soll mein Weg vor mir liegen.
- Schließen Sie den Kreis, und notieren Sie sich das Erste, das Ihnen zu Ihrer Frage eingefallen ist. Sie werden schon bald klar sehen, was jetzt für Sie das Richtige ist und wie Sie sich am besten entscheiden oder orientieren sollen. Vertrauen Sie Ihrer inneren Stimme!

NAME
von großer Weisheit

BEDEUTUNG/ESSENZ
Ruhe in sich selbst, »alte Seele«

(KERZEN-)FARBE
blaugrün

DUFT/PFLANZE
Narzisse/Ahorn

EDELSTEIN
Labradorit

TAROTKARTE
Der Eremit

ASTROLOGIE
Neptun

BOTSCHAFT
Suchen Sie Velda auf, wenn Sie in Ihrem Leben mehr Zeit für sich benötigen, wenn Sie das Gefühl haben, sich Ihrer selbst nicht sicher zu sein, oder umgekehrt, wenn Sie sich einsam fühlen und nicht gut mit dem Alleinsein zurechtkommen.

SPRICHWORT
Wer andere kennt, ist weise, wer sich selbst kennt, ist erleuchtet.
(Lao-Tzu)

Vor dem Casino treffen Sie

Sachiko

Man nennt mich Sachiko, das Glückskind. Manche Menschen treffen mich oft, andere eher selten. Das kommt daher, weil ich nicht gern plane und mich nicht aufdrängen möchte. Ich werde lieber eingeladen, und ob ich erscheine, will ich spontan entscheiden.

Wo ich auftauche, gelingt es mir, die Anwesenden glücklich zu machen. Ich liebe es, alle zu überraschen: mit meinem plötzlichen Erscheinen auf einem Fest, wenn niemand mit mir gerechnet hat, mit einem unerwarteten Geschenk, mit einem Losgewinn oder dem Finden eines vierblättrigen Kleeblatts. Und wie ich mich jedes Mal freue, wenn ich sehe, wie die Augen des Beschenkten strahlen. Hin und wieder hatte ich allerdings den Verdacht, das Unerwartete einer Überraschung verleiht ihr mehr Gewicht als der Inhalt! Zögern Sie nicht, denn nach meinen Geschenken muss man schnell greifen. Ich setze meine Feenmagie ein, damit Sie das vierblättrige Kleeblatt unter tausend anderen entdecken – aber danach bücken müssen Sie sich schon selbst. Trägheit oder mangelnden Wagemut kann ich nicht nachvollziehen, und ich werde rasch ungeduldig. Dann verschwinden meine Gaben ebenso schnell wieder, wie ich sie angeboten habe. Wer eine unerwartete Chance nicht nutzt, ist in meinen Augen selbst schuld und verdient kein Mitleid! Neben dem

Glück sagt man mir Sprunghaftigkeit und Wankelmut nach. Ich gebe zu, dass ich gedankenlos sein kann, aber die Eigenart des Unerwarteten ist es nun einmal, dass man es nicht zu einer bestimmten Zeit an einem bestimmten Ort treffen kann. Trotzdem bin ich erstaunlich oft genau dann zur Stelle, wenn jemand meinen Beistand nötig hat, gerade bei kleinen Dingen: Dann hauche ich z.B. Feenstaub auf fallende Würfel, damit sie die richtige Zahl zeigen, oder halte für einen unmerklich winzigen Augenblick die Zeit an, damit Sie die fallende Vase noch auffangen können. Manchmal jedoch bin ich einfach nicht in Stimmung für Geschenke und Gefälligkeiten. Aus einer Laune und mutwilligen Stimmung heraus spiele ich Streiche und gebe der wackelnden Vase einen zusätzlichen Schubs. Ich meine das nicht persönlich und habe dafür meistens keinen bestimmten Grund – es passiert einfach.

Selbst meine eigene Glückssträhne ist schon gerissen. Da ich eine Spielernatur bin, hatte ich gewettet und wie immer mit hohem Einsatz gespielt. Ich wollte einen Sturm bremsen, was mir allerdings gründlich misslungen ist! Es hat mich nicht nur kräftig gebeutelt, sondern ich habe sogar bei der Wette mein liebstes Beerengesträuch an einen Freund verloren. Doch glauben Sie nicht, dass ich lange die Flügel hängen lasse, denn ich bin sicher, dass es über kurz oder lang wieder eine günstige Gelegenheit geben wird, die ich am Schopf packen werde.

DAS WILLKOMMENSRITUAL FÜR SACHIKO

Feenstaub herstellen

Feenstaub ist ein Glückspulver, das Sie verwenden können, wenn Sie positive Veränderungen herbeiführen möchten.

- Sie benötigen dazu einen Mörser, zu gleichen Teilen schimmerndes Lidschattenpulver in Gold oder Perlmutt, Eisenkraut, Muskat, getrocknete Kleeblüten und eine Tonkabohne.
- Ziehen Sie den magischen Kreis (siehe Seite 14f.).
- Zerkleinern Sie die Kräuter und die Bohne so fein wie möglich im Mörser, und mischen Sie zum Schluss das Lidschattenpulver darunter.
- Lassen Sie das fertige Pulver eine Nacht lang offen im Mondlicht liegen. Bewahren Sie es zusammen mit einem Türkis in einer kleinen Flasche mit Korken oder einem Beutelchen auf. Auf die Flasche oder das Beutelchen zeichnen Sie ein Glückssymbol, z.B. ein vierblättriges Kleeblatt oder ein Rad mit acht Speichen.
- Immer, wenn Sie ein Quäntchen Glück benötigen, nehmen Sie etwas Pulver auf Ihren Finger und pusten es in alle vier Himmelsrichtungen, oder Sie streuen es einfach in die Zimmerecken.

DAS AMULETT FÜR SACHIKO

Hand des Glücks

Die Hand des Glücks war im Mittelalter als Amulett sehr verbreitet. Symbolisch bedeutet sie, immer Glück in den Händen zu halten oder auch mit seiner Hände Arbeit erfolgreich zu sein. Im Orient symbolisiert sie das Eingreifen Gottes. Die westliche Glückshand unterstreicht Sachikos Botschaft: eine günstige Gelegenheit nicht verstreichen zu lassen, sondern buchstäblich zuzugreifen. Glückshände sind zwar als Anhänger im Esoterikfachhandel erhältlich, aber ein selbst gefertigtes Amulett besitzt stärkere Energie. Um sich die Hand selbst herzustellen, schneiden Sie den Umriss einer Hand aus Tonmasse aus, drücken einen Türkissplitter hinein und ritzen die Planetensymbole ein. Nach dem Trocknen können Sie den Anhänger noch bemalen und lackieren. Mit Farbe und Lack kann der Anhänger sogar aus fester Pappe hergestellt werden. Weihen Sie ihn im magischen Kreis, und tragen Sie ihn bei sich.

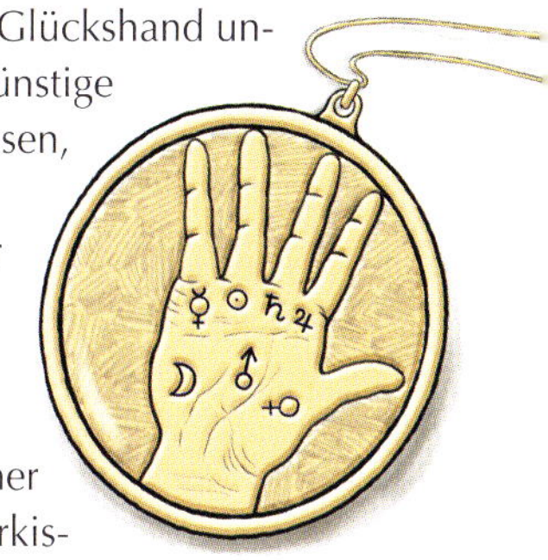

NAME
Glückskind

BEDEUTUNG/ESSENZ
Glück, glücklicher Zufall, günstige Gelegenheit

(KERZEN-)FARBE
irisierend, mehrfarbig

DUFT/PFLANZE
Mimose, Tonka

EDELSTEIN
Türkis

TAROTKARTE
Das Glücksrad

ASTROLOGIE
Jupiter

BOTSCHAFT
Begegnen Sie Sachiko, um eine unerwartete günstige Gelegenheit in Ihr Leben zu locken, einen glücklichen Ausgang herbeizuführen oder wenn Sie das Gefühl haben, in letzter Zeit eher ein Pechvogel gewesen zu sein.

SPRICHWORT
Nutze den Tag!
(Horaz)

Vor der Bank begegnet Ihnen

Leandra

Suchen Sie einen sicheren Aufbewahrungsort für Ihr Geld und Ihre anderen Besitztümer? Das kann ich gut verstehen. Meine Name ist Leandra, die Löwin. Den Namen habe ich bekommen, weil ich das, was mir lieb und teuer ist, wie eine Löwin verteidige. Nicht immer reichen dicke Mauern, Schutzwälle und Tresore aus, um sein Hab und Gut zu schützen. Mut und der Wille, seinen ganzen Einsatz in die Waagschale zu werfen, sind ein ebenso wichtiger Schutz.

Um so viel zu riskieren, muss ich mir zuvor jedoch darüber klar werden, ob sich der Einsatz auch lohnt. Den Wert einer Sache zu erkennen ist allerdings nicht immer leicht. Für uns Feen gibt es übrigens wenig materiellen Besitz. Der Sage nach ist Feen- oder Leprechaungold eine Illusion, zumindest hat es in der materiellen Welt der Menschen keinen Bestand. Der sagenhafte Reichtum, den Sterbliche im Feenreich oft erblicken, ist für uns nichts Endgültiges, sondern kreative Energie, aus der wir alles Erdenkliche schaffen und es dann wieder verwerfen können. Etwas zu besitzen ist für eine Fee kein dauerhafter Zustand. In dieser mangelnden Vertrautheit im Umgang mit bleibendem Besitz liegt für Feen eine große Gefahr: Sie können von einem Gegenstand regelrecht besessen werden, wie es aus Sagen um Zauberringe bekannt ist. Der Geist wird von Misstrauen vergiftet, und plötzlich wird in jedem ein Dieb vermutet.

Eines Tages fand ich einen goldenen Fingerhut. Ich nahm ihn an mich und war sicher, dass ich für immer ein Anrecht auf ihn haben würde. Diese Vorstellung erstreckte sich bald auch auf meinen Lieblingsplatz oder sogar auf Gefühle, die mir entgegengebracht werden. Ich vergaß vollkommen, dass mein Handeln Konsequenzen hat für mich und oft auch für andere. Den goldenen Fingerhut versteckte ich, damit niemand ihn stehlen konnte. Und erst als ich ganz allein an meinem Lieblingsplatz saß, den ich inzwischen eifersüchtig geheim hielt, erkannte ich, wie weit ich mich von jeglicher Freude entfernt hatte. Es war der Augenblick der Wahrheit, als ich mir eingestehen musste, dass dies wohl der gerechte Ausgang meiner Geschichte war. Ich stellte fest, dass ich eigentlich keinen Fingerhut brauche – auch wenn es Spaß macht, seine Schönheit zu bestaunen.

Ich machte mich also auf die Suche nach einem inneren Gleichgewicht. Es ist schwer, sich ganz ohne Besitz sicher zu fühlen. Selbst für Feen ist das so. Ich stehe sogar dazu, dass ich manchmal mehr besitzen möchte, als ich wirklich brauche. Besitz kann jedenfalls eine Zeit lang glücklich machen. Jedoch bekomme ich so ganz ohne Anstrengung nicht immer, was mir rechtmäßig zusteht. Aber ich verausgabe mich heute nicht mehr aus reiner Besitzlust. Wenn aber Wohlstand zur Besessenheit und das Wahren des Besitzstandes wichtiger als alles andere wird, ist das Endergebnis in Wahrheit Armut. Ich teile jetzt meinen Überfluss mit anderen und verteidige meine spirituellen Bedürfnisse mittlerweile mit genauso großem Einsatz wie die materiellen. Die Sicherheit, auf diese Weise alles zu bekommen, was ich wirklich brauche, hat mir viel Angst genommen und mehr Lebensfreude gegeben.

NAME
Löwin

BEDEUTUNG/ESSENZ
(materielle) Sicherheit, Schutz

(KERZEN-)FARBE
rotbraun

DUFT/PFLANZE
Kamille

EDELSTEIN
Chrysopras

TAROTKARTE
Die Gerechtigkeit

ASTROLOGIE
Stier

BOTSCHAFT
Begegnen Sie Leandra, wenn Sie auf der Suche nach materieller Sicherheit oder nach bodenständiger Gewissheit sind. Leandra kann Ihnen auch dabei helfen, Unsicherheiten zu überwinden und den Glauben an den gerechten Ausgang einer Sache zu stärken.

SPRICHWORT
Schließe Freundschaft mit eines Menschen Güte, nicht mit seinem Gut. (chinesisches Sprichwort)

DAS WILLKOMMENSRITUAL FÜR LEANDRA

Feenflasche

RITUAL

Mit einer Feenflasche können Sie Ihr Zuhause vor negativen Einflüssen schützen. Anders als eine Hexenflasche, die mit scharfen, spitzen Gegenständen, wie z.B. Spiegelscherben, gefüllt wird, hat eine Feenflasche keine negative Energie. Sie strahlt eine Energie aus, die dem sagenhaften Feenglanz ähnelt und indem er Schädliches verfliegen lässt, Schaden verhindert.

- Sie benötigen dafür eine kleine, verkorkbare Flasche, farbige Woll- oder Garnfäden, Glitzerpulver und Pailletten, eine Hand voll Rosmarin, Rosenblätter und eine Haselnuss.
- Ziehen Sie den magischen Kreis (siehe Seite 14f.), und entzünden Sie eine schwarze und eine weiße Kerze.
- Knüllen Sie die Garnfäden zu einem wirren Knäuel. Füllen Sie die Gegenstände in die Flasche, und stellen Sie sich dabei vor, wie Leandra Sie mit einer flirrenden, schützenden Hülle umgibt.
- Versiegeln Sie die Flasche mit Wachs von beiden Kerzen.
- Schließen Sie den Kreis, und vergraben Sie die Flasche möglichst nahe bei Ihrer Haustür. Legen Sie ein kleines Geschenk für die Feen an diese Stelle, und versichern Sie ihnen, dass sie in Ihrem friedlichen Haushalt immer willkommen sind. Bitten Sie die Feen, Schaden von Ihnen fern zu halten.

DAS AMULETT FÜR LEANDRA

Eiwaz-Runenanhänger

AMULETT

Eiwaz ist eine der mächtigsten Runen. Sie symbolisiert den Stamm des Weltenbaumes, der alle Welten miteinander verbindet. Wie das Rückgrat gibt sie Kraft, Rückhalt und Beständigkeit und befreit von Ängsten. Sie schützt vor zerstörerischen Kräften und bannt Ängste, lehrt uns aber auch, dass wir uns nicht einseitig z.B. nur auf die materielle Ebene konzentrieren sollen, indem sie die Kommunikation zwischen den Welten fördert.

Ritzen Sie die Rune in ein Stück Ton, in das Sie zusätzlich ein Stück Chrysopras oder Topas einbetten können. Bohren Sie ein Loch für eine Kette oder ein Lederband. Weihen Sie den Anhänger im magischen Kreis, und stellen Sie sich vor, wie die mächtigen Äste der Weltenesche Yggdrasils sich schützend um Sie herum wölben.

Unter einem Baum im Park begegnet Ihnen

Kimama

Mein Name ist Kimama. Das ist Afrikanisch und bedeutet »Schmetterling«. Wenn ich einen Schmetterling über die Wiesen gaukeln sehe, erinnere ich mich daran, wie er zum Schmetterling wurde. Eingesponnen in seinen Kokon musste er eine lange Wartezeit überdauern, damit ihm Flügel wachsen konnten. Deswegen habe ich mich unter diesen Baum zurückgezogen. Eigentlich will ich die Dinge beschleunigen. Alles soll genau jetzt passieren und sich meinem Rhythmus anpassen. Ich will nicht unterbrochen oder gebremst werden, wenn ich mir etwas vorgenommen habe oder auf etwas warte. Ich will alles auf einmal erleben, an vielen Orten zugleich sein. Da ich das nicht kann, bin ich gezwungen, eine Auswahl zu treffen. Das kann mitunter schmerzhaft sein und bedeutet für mich ein richtiges Opfer. Ich habe lange darauf warten müssen, bis meine Lieblingsraupe als Schmetterling aus ihrer Verpuppung geschlüpft ist. Den Zeitpunkt konnte ich nicht erzwingen! Endlich war es so weit – und genau an diesem Tag fand eines unserer großen Feste statt, bei dem ich die Gelegenheit gehabt hätte, unsere Königin zu sehen! Ich habe auf das Fest verzichtet und wurde stattdessen Zeuge des einmaligen Wunders der Verwandlung. Ich habe meine Entscheidung nie bereut. Obwohl ich mit eigenen Augen gesehen habe, dass ein großer Durchbruch Zeit braucht und ich diesen natürlichen Lauf der Dinge akzeptieren muss, werde ich mich wahrscheinlich nie ganz daran gewöhnen.

Shhh, seien Sie leise ... da! Haben Sie die kleinen Schmetterlingsfeen davonhuschen sehen? Sie sind sehr scheu, und man braucht Geduld und Ruhe, um sie beobachten zu können, Stille und oft einen anderen Blickwinkel, denn sie sind so winzig, dass unsere Augen zu sehr von anderen

Eindrücken abgelenkt werden. Ein alter Volksglaube besagt, durch ein Loch in einem Stein könne man ins Zauberreich der Feen und Zwerge blicken. So falsch ist das nicht. Oft genügt eine andere Perspektive, um plötzlich eine völlig neue Welt zu entdecken. Wenn ich durch das Loch im Stein spähe, bin ich zunächst auf die Beobachterrolle festgelegt. Auf diese Weise bekomme ich einen Überblick über die Situation. So habe ich denn auch sehen können, wohin die Schmetterlingswesen verschwunden sind. Wenn ich versucht hätte, ihnen nachzueilen, wären sie mir sicher entwischt. Meine vermeintliche Passivität hat mich also weiter gebracht, als blinder Aktionismus es getan hätte. Auch der Schmetterling wurde für sein Warten im dunklen Kokon mit ganz neuen Fähigkeiten belohnt. Um zu erkennen, welcher Weg in welcher Situation der richtige ist, verlasse ich mich auf mein Gefühl. Es sagt mir auch, wann ich Ruhe brauche und an der Schwelle zur Verwandlung stehe oder in der Hektik die richtige Perspektive nicht finde.

Seither nehme ich mir die Zeit, regelmäßig innezuhalten und mich auf einen anderen Rhythmus einzulassen.

DAS WILLKOMMENSRITUAL FÜR KIMAMA

Feenvisualisierung mit Farbatmen

Wählen Sie für dieses Ritual Ihre Lieblingsfarbe aus. Es ist hilfreich, wenn Sie ein Tuch in dieser Farbe besitzen oder einen anderen großflächigen Gegenstand.

- Ziehen Sie den magischen Kreis (siehe Seite 14f.).
- Betrachten Sie die Farbe, und lassen Sie sie auf sich wirken. Welche Empfindungen ruft sie hervor? Welches Temperament hat die Farbe? Welche Naturphänomene und welches Element verbinden Sie damit?
- Wenn Sie die Farbe nicht nur sehen, sondern auch fühlen und schmecken können, atmen Sie sie langsam ein.
- Visualisieren Sie dabei einen zarten Farbnebel, den Sie durch Ihren Mund einatmen und der Ihren Körper innerlich durchdringt. Lassen Sie den Atem dann ganz langsam wieder aus sich herausströmen.
- Halten Sie das Bild der farbigen Wolke auf Augenhöhe fest. Sehen Sie, wie sich langsam ein goldener Lichtpunkt in ihr bildet und immer größer wird. Schließlich können Sie eine Gestalt darin erkennen. Es ist Kimama.
- Fühlen Sie, wie Sie sich entspannen, wie ein Schmetterling in seinem Kokon. Stellen Sie sich vor, für welche Entwicklung Sie jetzt eine Phase des Nichtstuns brauchen oder welches Problem Sie aus einer neuen Perspektive betrachten sollten.
- Lösen Sie den magischen Kreis, und notieren Sie sofort Ihre Eindrücke.

DAS AMULETT FÜR KIMAMA

Lebensbaum

Bei den Kelten versinnbildlicht der Lebensbaum die Verflechtung von Wurzel und Krone als Symbol für die Verbindung zwischen Materie und Geist. Dieses Amulett verleiht Ausgeglichenheit und stärkt die Lebenskraft. Es gibt Lebensbaumamulette zu kaufen, doch Sie können auch selbst einen prächtigen Baum, bei dem Zweige und Wurzeln miteinander verflochten sind, auf ein Ton- oder Holzamulett zeichnen. Eine weitere schöne Möglichkeit ist es, ein Foto von Ihrem Lieblingsbaum bei sich zu tragen oder an Ihrem Arbeitsplatz aufzuhängen, wo er an Kimamas Botschaft erinnert.

NAME
Schmetterling

BEDEUTUNG/ESSENZ
Entspannung, Wartezeit, Erleuchtung

(KERZEN-) FARBE
grau

DUFT/PFLANZE
Magnolie

EDELSTEIN
Moosachat

TAROTKARTE
Der Gehängte

ASTROLOGIE
Jungfrau

BOTSCHAFT
Begegnen Sie Kimama, wenn Sie das Gefühl haben, in einer Sackgasse zu stecken und eine neue Perspektive zu brauchen, wenn Sie sich zu viel zugemutet haben und es nötig ist, sich einmal »hängen zu lassen«, oder wenn aufgewühlte Gefühle sich erst einmal setzen müssen, bevor Sie eine endgültige Entscheidung treffen können.

SPRICHWORT
Wir können zwei Urzustände unterscheiden: Ruhe heißt der eine, Bewegung der andere. Diese beiden Urzustände gehören zu uns. In beiden befinden wir uns abwechslungsweise, und jeder von ihnen ist für uns gleichermaßen lebenswichtig. (Hans Boesch)

Auf dem Friedhof treffen Sie

Rimona

Ich heiße Rimona, und wenn Sie möchten, zeige ich Ihnen all die Gräber hier auf dem Friedhof. Haben Sie keine Angst: Zu fürchten sind allenfalls die Lebenden, aber nicht die Toten!

Mein Name ist Lateinisch und bedeutet »Granatapfel«. Diese Frucht ist das Symbol der Persephone, die in den antiken Sagen mit Hades, dem Gott der Unterwelt, vermählt wurde. Als Tochter der Demeter, der Göttin der Ernte, war das sicher eine Furcht einflößende Erfahrung für Persephone: der abrupte Wechsel vom Sonnenschein in die Schattenwelt und die Trennung von ihrer Mutter, deren Trauer die Felder brachliegen ließ. Aber sie gewann einen Ehemann und konnte neue Erfahrungen machen. Schließlich wurde ihr sogar erlaubt, jedes Jahr für eine gewisse Zeit an die Erdoberfläche zu ihrer Mutter zurückzukehren, womit sich der Kreislauf wieder schloss. Ich kann die Trauer Demeters verstehen. Ich bin oft sehr traurig, wenn ich hier auf dem Friedhof stehe und diejenigen, die jetzt in den Gräbern liegen, nicht mehr erreichen kann oder wenn ich zerstörte Kraftorte entdecke, deren Energiefäden zerrissen sind. Auch ich habe Angst vor dem Unbekannten und scheue den Abschied von etwas Vertrautem. Durch meine Nähe zu den Kräften der Natur jedoch hat dieser Kreislauf nicht nur Beängstigendes, sondern auch etwas Schönes: Wir Feen kennen den Zyklus des Lebens und wissen, dass kein Platz leer bleibt. Leider ist das für den, der als

Einzelner einen Verlust erlitten hat, kein Trost. Der Schmerz und die Angst müssen zuerst durchlebt werden.

Ein endgültiger Abschied hat auch mit dem Verlust von Kontrolle zu tun. Wenn mir das geschieht, fühle ich mich unwohl: Ich habe eine Situation gemeistert, ich habe eine Person einschätzen gelernt – und dann ist alles vorbei, und ich muss mich auf etwas Neues einstellen! Die Versuchung ist groß, sich festzuklammern oder zumindest das Neue stets mit dem Alten zu vergleichen. Dabei ist doch das Ende der Dinge etwas ganz Natürliches. Die Vögel verlieren ihr Federkleid, um ein neues Gefieder zu bekommen, das der Jahreszeit angemessener ist. Die Blätter des vergangenen Herbstes werden zum nahrhaften Boden für neues Leben im Frühjahr.

Der Tod, so wie ich ihn kennen gelernt habe, ist kein sinnloser Schicksalsschlag, sondern das zwangsläufige Ende eines Abschnitts und der Beginn eines neuen. Lassen Sie sich von mir führen! Schauen Sie sich noch ein letztes Mal in Ruhe um, bevor Sie Ihr Gesicht nach vorne wenden.

DAS WILLKOMMENSRITUAL FÜR RIMONA

Dia de los Muertos

In Mexiko gibt es den schönen Brauch des Totentags. An diesem Tag begeben sich alle Familien auf die Friedhöfe, im Gepäck köstliche Speisen, Getränke und alles, was für ein gelungenes Fest nötig ist. Sie feiern auf den Gräbern der Toten, um ihnen zu zeigen, dass sie nicht vergessen sind. In ihren Wohnungen und Häusern werden Altäre mit den Bildern verstorbener Familienmitglieder und Freunde aufgestellt, umgeben von Andenken, Geschenken und Darstellungen kleiner Skelettfiguren in fröhlichen Posen, die normalen Alltagsbeschäftigungen nachgehen. So ehren die Mexikaner ihre Vorfahren, die als Fundament ihrer Kultur angesehen werden.

- Schaffen Sie einen kleinen Altar, indem Sie auf einem dunklen Tuch Bilder und Gegenstände aufstellen, die Sie an Menschen erinnern, von denen Sie sich verabschieden mussten, aber auch von anderem, was Sie verloren haben – einen Job, eine Hoffnung oder ein Gefühl.
- Schmücken Sie ihn mit weißen Blumen und weißen Kerzen, und ziehen Sie den magischen Kreis (siehe Seite 14f.).
- Stellen Sie sich Rimona vor, die Ihre Hand nimmt und Sie dorthin führt, wo Sie etwas verloren oder beendet haben.
- Schauen Sie, für welches Neue etwas Altes gewichen ist. Spüren Sie noch einmal Ihre Angst und Ihren Schmerz und wie er schließlich ebenfalls weicht. Was haben Sie von Ihrem Ausflug mitgebracht? Welches Geschenk haben Sie erhalten?
- Bedanken Sie sich für all das, ehe Sie den magischen Kreis wieder aufheben.

DAS AMULETT FÜR RIMONA

Skarabäus

Der Skarabäus ist eines der kraftvollsten ägyptischen Amulette, denn er war das Symbol des Sonnengotts Chepre. An das Sonnenrad erinnert dabei die Mistkugel, die der Käfer dreht. Aus ihr schlüpfen schließlich die Larven, weshalb der Skarabäus auch für Wiedergeburt steht. Bei Begräbniszeremonien wurde er den Toten sozusagen als Herz eingesetzt, um ihnen das Weiterleben im Jenseits zu ermöglichen.

Kleine Skarabäen aus Ton gibt es in vielen Indienshops und in Geschäften für Schmuckzubehör. Am schönsten sieht das Amulett aus, wenn Sie den Skarabäus an einer Schlaufe aus Perlen befestigen. Auch in ein Energiearmband aus Edelsteinen lässt er sich gut integrieren. Weihen Sie das Amulett während des Willkommensrituals, und verbinden Sie die Bilder Ihrer Geschenke aus dem Totenreich damit.

NAME
Granatapfel

BEDEUTUNG/ESSENZ
Trauer, Abschied, Angst

(KERZEN-)FARBE
schwarz

DUFT/PFLANZE
Myrrhe/Rosmarin

EDELSTEIN
Onyx

TAROTKARTE
Der Tod

ASTROLOGIE
Pluto

BOTSCHAFT
Begegnen Sie Rimona, wenn Sie um etwas oder jemanden trauern, wenn Sie gerade ein einschneidendes Erlebnis hatten oder das Ende einer Beziehung oder einer Phase bevorsteht. Rimona kann Sie dabei unterstützen, damit verbundene Ängste zu überwinden oder den Schmerz der Trauer zu lindern.

SPRICHWORT
Jedes Ende ist ein neuer Anfang (Sprichwort)

Im Pavillon treffen Sie Sabira

Haben Sie gute Freunde? Ich hoffe es sehr für Sie, denn ich kann mir kein Leben ohne Freunde vorstellen. Mein Name, Sabira, heißt »die Geduldige«. Geduld ist es, was man braucht, um eine Freundschaft wachsen, reifen und fest werden zu lassen. Nähe und Vertrauen lassen sich durch nichts beschleunigen. Wie beim Wachstum einer Pflanze, beim Heranreifen einer Frucht sind Geduld und Achtsamkeit nötig, sonst kann nichts entstehen. Genau die richtige Mischung aus Fürsorge und Ruhe, wie sie auch Pflanzen zum Wachsen benötigen, ist nicht immer leicht zu finden. Und nicht immer halte ich mich gern an meine eigenen Empfehlungen! Manchmal fliegt mein Herz jemandem zu, dem ich sofort ganz nahe sein möchte. Ich kann es gar nicht begreifen, wenn der andere nicht erkennt, wie sehr wir uns gleichen, ergänzen oder im Einklang befinden. Zum Glück hilft mir meine Geduld, auf den anderen zu warten. Dann gibt es die Situationen, in denen ich mich schrecklich einsam und von allen verlassen fühle. Alle scheinen beschäftigt zu sein oder zeigen einfach kein Verständnis für meine Sorgen. Manchmal wenn ich es so eilig hatte, meiner Einsamkeit zu entfliehen, habe ich versucht, freundschaftliche Nähe zu erzwingen. Ich habe Freunde gesehen, wo in Wirklichkeit keine waren. In diesen Momenten muss ich mit mir selbst Geduld haben!

Geduld ist natürlich auch wichtig, wenn die eigenen Freunde sich in einer schwierigen Lage befinden, wenig Zeit haben oder nicht zuhören können. Zwar ist es am schönsten, mit guten Freunden im Glanz der Tautropfen über die Wiesen zu tanzen, aber es ist ebenso wichtig zu erkennen, wann meine Freunde meinen Trost oder meine Fürsorge brauchen. Umgekehrt erhoffe ich, dass mir ebenfalls Verständnis entgegengebracht wird, wenn ich einmal nicht die Kraft habe, wie gewohnt der ruhende Pol zu sein. Geben und Nehmen sollten sich in einer Freundschaft die Waage halten. Dieser Sinn für den Ausgleich spielt in unserem Reich eine große Rolle, vielleicht weil in der Natur alles zu einem Gleichgewicht strebt. Eine Gegengabe ist mir wichtiger als ein formaler Dank: Ich wünsche mir keine Worte sondern Taten.

Schauen Sie sich in meinem Pavillon um. Jeder soll sich willkommen fühlen. Gute Freunde haben einen besonderen Platz, den ich für sie freihalte. Leider verstehen sich nicht alle meine Freunde untereinander, da das Feenreich aus so vielen verschiedenen Clans mit unterschiedlichen Temperamenten besteht . Wenn sie sich dann hier bei mir im Pavillon treffen, knistert die Luft, und manchmal fliegen sogar Blitze. Es ist dann schwer, einen Ausgleich zu schaffen, und ich bin stolz darauf, dass es mir oft gelingt, zu vermitteln und schließlich doch wieder alle an einen Tisch zu bringen. Aus unseren Kontroversen entstehen Lösungen für Probleme, die für einen allein unüberwindlich sind. Oft führt es auch zu wunderschönen Erlebnissen, beispielsweise als wir für eine Feier Lichteffekte aus feurigen Funken gezaubert haben, die sich in glitzernden Eiszapfen spiegelten. Das ist für uns alle unvergesslich.

NAME
die Geduldige

BEDEUTUNG/ESSENZ
Freundschaft, Vertrauen

(KERZEN-) FARBE
moosgrün

DUFT/PFLANZE
Orchidee

EDELSTEIN
Jade

TAROTKARTE
Die Mäßigkeit

ASTROLOGIE
Waage

BOTSCHAFT
Begegnen Sie Sabira, wenn Sie sich für Ihre Freundschaften bedanken wollen oder Sie in letzter Zeit zu wenig Zeit dafür hatten, Freundschaften zu pflegen. Auch bei der Suche nach neuen Freunden kann Sabira Ihnen helfen.

SPRICHWORT
Freundschaft ist Liebe ohne Flügel. (französisches Sprichwort)

DAS WILLKOMMENSRITUAL FÜR SABIRA

Feenkekse backen

Lebensmittel zu teilen und Gäste zu bewirten ist auf der ganzen Welt ein Zeichen der Freundschaft. Das Kleine Volk zu beschenken ist in vielen Kulturen gleichermaßen Brauch. Für Sabiras Ritual bereiten Sie Kekse zu, die sowohl menschlichen Freunden wie Besuchern aus dem Feenreich schmecken.

- Ziehen Sie den magischen Kreis (siehe Seite 14f.) so, dass er in Ihrer Küche sowohl Arbeitsplatte als auch Herd einschließt.
- Bereiten Sie einen Teig aus den folgenden Zutaten: 250 g Butter, 100 g Puderzucker, Mark von einer Vanilleschote, 100 g Speisestärke, 250 g Mehl, 1 Hand voll getrocknete Lavendelblüten.
- Dafür bereiten Sie zuerst aus Butter und Puderzucker eine Schaummasse und kneten dann die übrigen Zutaten darunter.
- Formen Sie den Teig zu kleinen Kugeln, und drücken Sie sie flach. Prägen Sie, z.B. mit der stumpfen Seite einer Ausstechform, ein Herz auf jeden Keks.
- Die Kekse werden bei 175°C ca. 12 Minuten gebacken; sie sollen zart weiß bleiben und keine Bräunung annehmen.
- Schenken Sie die Kekse in Zellophanfolie verpackt und mit buntem Band verschlossen guten Freunden. Vergessen Sie nicht, eine Gabe für die Feen ins Freie zu stellen.

DAS AMULETT FÜR SABIRA

Freundschaftsfigürchen

Als Symbol für Sabiras Freundschaft wird die Verbindung zwischen zwei oder mehr Personen plastisch dargestellt. Sie brauchen dafür nur einige Gewürznelken und ein wenig Tonmasse, aus der Sie im magischen Kreis Figuren formen, die sich an den Händen halten oder umarmen. Es reicht, wenn die menschliche Gestalt erkennbar ist. Formen Sie zwei Figuren für eine beste Freundin oder mehrere für einen ganzen Freundeskreis, und konzentrieren Sie sich dabei auf die Werte, die Ihnen in einer Freundschaft wichtig sind. Setzen Sie an der Stelle des Herzens jeweils eine Gewürznelke ein. Wenn Sie möchten, können Sie die Figuren zusätzlich bemalen und mit Perlen, Stoff etc. verzieren. Bewahren Sie die im Kreis geweihten Figuren in dem Raum auf, in dem Sie am häufigsten Besuch empfangen. Noch stärker wirkt das Amulett, wenn Sie auch für Freunde Figürchen herstellen und sie verschenken.

Durch das Rauschen des Wasserfalls hören Sie die Stimme von

Visolela

Erschrecken Sie nicht. Ich bin nicht so finster und Furcht einflößend, wie es scheint. Wenn ich mich Ihnen jetzt zeige, mögen Sie mich für einen Dämon halten, aber das bin ich nicht.

Mein Name, Visolela, ist ein afrikanisches Sprichwort, das übersetzt bedeutet »Herzensbegierden sind unkontrollierbar wie Wasserfälle«. Spüren Sie die ungeheure Kraft des Wasserfalls, vor dem wir stehen? Er sucht sich seine Bahn und lässt sich nicht eindämmen. So geht es mir mit meinen Wünschen: Ich sehe etwas und will es sofort haben. Ich bin zornig auf jemanden und stelle mir vor, wie er zu Schaden kommt. Rachegelüste oder brennende Eifersucht überkommen mich... Ich erinnere mich daran, wie Oberon, der König des Feenvolks, Königin Titania aus Eifersucht so verzauberte, dass sie sich in einen Esel verlieben musste. Ich kann darüber lachen und Genugtuung empfinden. Ich wünsche mir sogar, solche Kräfte selbst zu besitzen.

Man kann versuchen, den Wasserfall zu stauen, aber auf Dauer wird er stärker sein und sich seinen Weg bahnen. Ich lasse mich für eine kurze Zeit von meinen Herzensbegierden mitreißen. Wenn ich eifersüchtig auf jemanden bin, lasse ich meinem Schmerz und Ärger freien Lauf, indem ich einen Schrei ausstoße oder auch etwas zerschmettere. Oder ich ziehe mich zurück und brüte über dunklen Gedanken. In diesem Moment bin ich unendlich allein und auf mich selbst konzentriert. Nur meine Sicht der Dinge zählt. Ich brauche das Gefühl, im Recht zu sein und mein Recht zu bekommen. Sonst kann ich nicht vergeben und lasse meinen Groll an der ganzen Welt aus.

Danach schaue ich wieder den Wasserfall an und lerne aus dem, was ich erlebt habe. Indem ich den Blick nach draußen in die Natur richte, habe ich wieder Kontakt zu meiner Umgebung. Die Gewalt des Wassers wirkt erschütternd, aber zugleich auch reinigend. Wenn ich aus dem Strudel wieder auftauche, bin ich erschöpft und gleichzeitig erfrischt und kann mich ruhig fragen, warum ich um ein Haar die Kontrolle verloren hätte. Meist erkenne ich, dass meine Wut oder meine Besitzgier gar nichts mit einer anderen Person oder mit dem Objekt meiner Begierde zu tun hatte, sondern nur mit mir selbst. Indem ich diese heftigen Gefühle als etwas akzeptiere, das zu mir gehört, wird die Tat schon überflüssig. Ein zweites Mal wird mich das gleiche Bedürfnis nicht wieder so tief treffen, wenn ich auf dem Grund des Wassers bin und die Bedeutung für mich erkenne. Ohne hinunterzutauchen, kann ich es nicht herausfinden!

Die Gefahr dabei ist natürlich, den Halt nicht mehr zu finden. Das Becken, in dem sich das Wasser sammelt, hat einen schlüpfrigen Boden. Bisher bin ich noch nicht ausgeglitten.

DAS WILLKOMMENSRITUAL FÜR VISOLELA

Zehn-Schwerter-Meditation

RITUAL

Um der Fee Visolela zu begegnen, brauchen Sie Mut. Führen Sie das folgende Ritual nur an einem Tag durch, an dem Sie sich stark genug fühlen, Ihrer dunklen Seite ins Gesicht zu sehen. Am günstigsten ist es, wenn die Mondphase abnehmender Mond oder Neumond ist.

- Ziehen Sie den Schutzkreis (siehe Seite 14f.) um sich und dieses Buch, ferner um die Tarotkarte »Zehn der Schwerter«.
- Betrachten Sie das Bild. Eine Person liegt mit dem Gesicht nach unten am Boden und wird von zehn aufrecht stehenden Schwertern durchbohrt. Jedes Schwert stellt eine Verletzung dar, die Sie erlitten haben, oder einen Augenblick, in dem Sie zornig, egoistisch oder ungerecht waren. Denken Sie an diese Momente zurück, und versuchen Sie, die Gefühle, die Sie hatten, so genau und intensiv wie möglich wieder heraufzubeschwören.
- Ziehen Sie in Gedanken die Schwerter nacheinander heraus, und richten Sie sie gegen die Quelle Ihres Ärgers, so als wollten Sie zustoßen. Stellen Sie sich dabei die ganze Wucht vor, die Sie in diesen Hieb legen möchten. Dann lassen Sie das Schwert los und beobachten dabei, wie es zu Boden fällt. Dabei nimmt es die gesamte aggressive Energie mit sich. Visolela erscheint und nimmt die Schwerter mit sich. Spüren Sie, wie Sie mit jedem Schwert leichter und ruhiger werden.
- Zum Schluss sehen Sie noch einmal genau auf die Tarotkarte: Die Schwerter haben keine Wunden hinterlassen. Lassen Sie die Figur – Sie selbst – aufstehen und davongehen.
- Schließen Sie den Kreis.

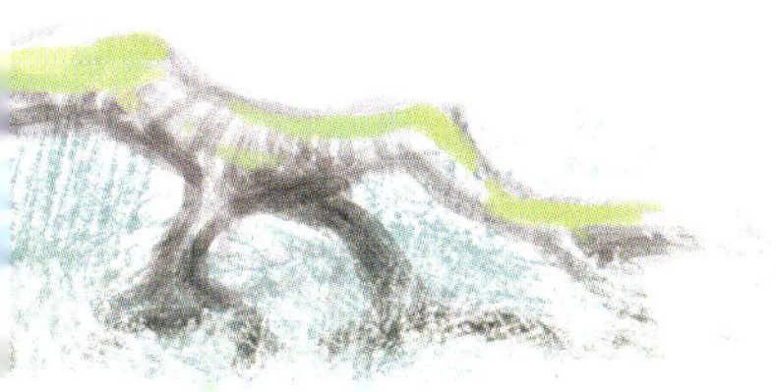

NAME
Herzensbegierden sind unkontrollierbar wie Wasserfälle

BEDEUTUNG/ESSENZ
Egoismus, dunkle Seite

(KERZEN-)FARBE
violett

DUFT/PFLANZE
Moschus, Nachtschatten

EDELSTEIN
Obsidian

TAROTKARTE
Der Teufel

ASTROLOGIE
Skorpion

BOTSCHAFT
Begegnen Sie Visolela, wenn Sie lernen wollen, mit Ihren dunklen Seiten umzugehen, wenn Sie jemanden suchen, der Verständnis für Emotionen wie Eifersucht oder Wut aufbringen kann, und wenn Sie diese Empfindungen akzeptieren und positiv verarbeiten wollen.

SPRICHWORT
Achte auf deine Gedanken, sie sind der Anfang deiner Tat. (chinesisches Sprichwort)

DAS AMULETT FÜR VISOLELA

Schützender Totenschädel

AMULETT

Ein mit Öl gesalbter Totenkopfanhänger ist ein starkes Schutzamulett gegen Suchtverhalten und andere mächtige Gefühle, die von uns Besitz ergreifen können. Für Visolelas Amulett benötigen Sie einen Totenkopfanhänger, beispielsweise aus einem Modeschmuckgeschäft oder eine Halloween-Dekoration, sowie einen Tropfen Moschusöl. Reiben Sie den Schädel mit dem Öl ein, weihen Sie ihn im Schutzkreis, und bewahren Sie ihn in der Nähe Ihres Bettes auf, wenn Sie ihn nicht bei sich tragen.

Vor der Burgruine begegnen Sie

Thordis

Mein Name ist Thordis. Das bedeutet, dass ich Thor gehöre, dem nordischen Gott des Donners. Wie ein Hammerschlag des Thor fühlt es sich an, wenn ein Ereignis mich den Boden unter den Füßen verlieren lässt. So wie die ehemals stolze Burg hinter mir mit einem einzigen Schlag zerstört wurde. Heute weiß allerdings niemand mehr, ob es in einer Schlacht war, durch einen Blitzschlag oder ein Erdbeben. Man kann aber sehen, dass es die Burgbewohner unvorbereitet getroffen hat, denn die Scherben ihrer Habseligkeiten sind noch überall zu finden. Sie konnten nichts mitnehmen und ihren Rückzug nicht vorbereiten. Stellen Sie sich vor, wie es sein muss, alles zu verlieren, was einem lieb und teuer ist!

In meiner Welt sieht eine solche tief gehende Erschütterung zwar anders aus, aber ein gutes Beispiel ist die Zeit, als die menschliche Welt sich von der Anderswelt abschottete, so dass auch für uns Feen das Hin- und Herwechseln zwischen den Welten schwieriger wurde. Bis heute gibt es für uns keine Erklärung, warum es so gekommen ist. Es war eine schwierige Erfahrung, einen Schlag hinzunehmen und nie eine Antwort zu finden auf die Frage »Warum?«. Ja, es kann Situationen geben, in denen sich jemand zu fest in seiner Burg verschanzt hat. Das Erdbeben zwingt ihn dann, sich wieder mit dem auseinander zu setzen, was außerhalb der schützenden Mauern liegt. Jemand, der wie die Burgbewohner Teller und Kleidung zurücklassen muss, um sein nacktes Leben zu retten, erkennt dadurch plötzlich, welche Dinge entscheidend und wesentlich in seinem Leben sind.

Ich habe Schicksalsschläge erlebt, in denen ich den Sinn nicht entdecken konnte, auch in der

Rückschau nicht. Seither fürchte ich mich innerhalb vermeintlich schützender Mauern: Sie könnten ja wieder über mir einstürzen! Ich suche dann Zuflucht bei strengen Regeln, weil das Vertraute daran mir ein Gefühl von Sicherheit gibt. Ich schließe andere aus, weil sie mir feindselig gesonnen sein könnten. Die ersten Menschen, die wieder Kontakt zur Anderswelt suchten, habe ich mit Verachtung gestraft und wollte sie erst gar nicht in meine Nähe kommen lassen. Zum Glück konnte ich mich damit trösten, dass ich nicht zerbrochen bin, dass ich es geschafft habe, aus den berstenden Mauern zu entkommen. Das hat mir den Mut gegeben, wieder auf andere zuzugehen und sozusagen die Zugbrücke meiner Burg herunterzulassen. Wir Feen haben mittlerweile neue Wege in die Welt der Menschen entdeckt und wissen heute mehr über ihr Wesen als früher. Bei der nächsten Erschütterung in meinem Leben werde ich mir mehr zutrauen, weil ich schon einmal Thors Hammerschlag überstanden habe. Ich denke an die Menschen, die damals aus dieser Burg fliehen mussten, und hoffe, dass es ihnen ebenso geht.

DAS WILLKOMMENSRITUAL FÜR THORDIS

Neumondritual

Das Willkommenritual für Thordis ist ein Schutzritual, das ein Gefühl der Sicherheit wiederherstellen soll. Der ideale Zeitpunkt für dieses Ritual ist am besten bei Neumond.

- Sie brauchen dafür eine dunkelblaue Kerze, eine Schale mit Sand oder Erde, eine Schale mit Salzwasser, eine Glasmurmel und Weihrauch als Symbol für die Elemente, außerdem eine schwarze Kugel oder einen schwarzen Stein.
- Ziehen Sie den magischen Kreis (siehe Seite 14f.) und entzünden Sie die Kerze und den Weihrauch.
- Führen Sie die schwarze Kugel nacheinander durch die Weihrauchdämpfe, die Kerzenflamme, die Erde und das Wasser, und berühren Sie zuletzt damit die Murmel. Stellen Sie sich dabei vor, wie die Elemente Sie beschützen, nachdem Sie sie gebeten haben:

Kräfte der Luft, ich bitte euch,
weht hinweg, was mich bedroht.
Kräfte des Feuers, ich bitte euch,
verbrennt, was mich bedroht.
Kräfte der Erde, ich bitte euch,
bedeckt, was mich bedroht.
Kräfte des Wassers, ich bitte euch,
schwemmt fort, was mich bedroht.
Kräfte des Geistes, ich bitte euch,
verbindet diesen Schutz.

- Bedanken Sie sich, und heben Sie den Kreis auf.

DAS AMULETT FÜR THORDIS

Abracadabra-Amulett

Thordis' Amulett soll vor bösen Ereignissen schützen. In dieser Form existiert das Amulett bereits seit dem dritten Jahrhundert, als es von Sammonicus in einem medizinischen Werk beschrieben wurde. Nehmen Sie ein Stück Pergament, und schreiben Sie mit schwarzer Tinte das zunehmende Abracadabra:

A
AB
ABR
ABRA
ABRAC
ABRACA
ABRACAD
ABRACADA
ABRACADAB
ABRACADABR
ABRACADABRA

Schneiden Sie das Papier in Dreiecksform zu. Weihen Sie das Amulett im Schutzkreis, und bewahren Sie es in Ihrem Geldbeutel auf. Ein Anhänger mit dem Thorshammer-Symbol ist ebenfalls ein schönes Thordis-Amulett.

NAME
gehört Thor

BEDEUTUNG/ESSENZ
Schicksalsschlag, den Halt verlieren

(KERZEN-)FARBE
indigo

DUFT/PFLANZE
Myrrhe, Zypresse

EDELSTEIN
Malachit

TAROTKARTE
Der Turm

ASTROLOGIE
Saturn

BOTSCHAFT
Begegnen Sie Thordis, wenn Sie einen plötzlichen Schicksalsschlag erlitten haben oder von Ängsten geplagt werden. Sie kann helfen, wieder festen Boden unter den Füßen zu gewinnen.

SPRICHWORT
Was mich nicht umbringt, macht mich härter.
(Friedrich Nietzsche)

Im Planetarium treffen Sie Gleda

Mein Name ist Gleda, das heißt auf Isländisch »sie macht glücklich«. Ich will diesem Namen gern alle Ehre machen, indem ich dauerhaftes, erlösendes Glück bringe. Lassen Sie uns in die Sternwarte gehen, und ich erzähle Ihnen etwas von meiner Art des Glücks.

Glück ist für jeden einzigartig, so wie ein einzelner Stern unter den Myriaden anderer Sterne immer einzigartig bleibt. Wer erkannt hat, welcher Stern der Seine ist, kann sich immer an ihm orientieren. Der eigene Stern ist ein Sinnbild der Hoffnung, dass man seinen Weg nie verlieren wird, gleichgültig, wie viele andere Wege ihn kreuzen.

Beim Anblick einer Sternschnuppe, so heißt es bei den Menschen, gehen Wünsche in Erfüllung. Das ist Aberglaube, und ich habe nie herausfinden können, woher er kommt. Eine Freundin aus dem Land der Menschen sagte mir, dass sie Freude wie einen Lichtblitz in ihrem Herzen empfinden könnten, und ein Wolf berichtete mir, ihnen würde eine Sternschnuppe die Geburt eines neuen Wolfswelpen anzeigen. Vielleicht ist eine Sternschnuppe auch deshalb etwas Besonderes, weil sie die oft bedrohliche Dunkelheit mit ihrem Lichtschein erhellt, der wie ein persönlicher Gruß wirkt. Auch das ist schließlich ein Aspekt der Hoffnung. Ich sage mir ganz einfach: Wenn einem anderen dadurch ein Wunsch erfüllt wird, lohnt es sich da nicht, einen kleinen Stern von sich selbst vom Himmel fallen zu lassen? Ich denke oft an die alte Redewendung, dass man sich gut überlegen sollte, was man sich wünscht, denn der Wunsch könnte in Erfüllung gehen. Wie bei fast allen gibt es auch bei mir unvernünftige Wünsche, die ich impulsiv, unüberlegt oder schlicht egoistisch äußere. Genau vor dieser Art Wünsche sollte man sich hüten, denn ihre Erfüllung bringt meist wenig Freude. Wünsche hingegen, die ich an meinen persönlichen Stern richte, haben mich oft glücklich gemacht. Ich will Hoffnung und Optimismus schenken, und jeder Wunsch, der mich auf diesem Weg ein Stück weiterbringt, ist gut. Ich gebe gern viel von mir, und meistens bekomme ich auch viel zurück, wie z.B. Wärme und Unterstützung.

Auf den Sternenhimmel zu achten heißt übrigens auch, über den Tellerrand hinauszusehen – bis zum Horizont. Je weiter der Horizont von diesem Tellerrand entfernt ist, desto größer wird die Angst vor dem, was mich erwartet. Leider habe ich nicht nur schöne Erfahrungen gemacht: Menschen, mit denen ich meine Magie teilen wollte, haben das ausgenutzt, die Magie für Zwecke missbraucht, die anderen schadeten, und sich ohne Gegengabe von mir abgewandt. So hindert mich die Angst manchmal daran, meinem Stern konsequent zu folgen. Doch zum Glück fügen sich meine Energien immer wieder zu einem schönen und harmonischen Ganzen zusammen – wie ein Sternbild. Es ist mein Sternbild, das mich auf meinem Weg der Hoffnung weiterführt.

DAS WILLKOMMENSRITUAL FÜR GLEDA

Heilstein aufladen

Gleda bringt Hoffnung und Heilung. Ihr Ritual ist das magische Reinigen und Aufladen eines Heilsteins, der einen körperlichen oder seelischen Heilungs- und Wachstumsprozess fördert. Traditionsgemäß werden heilende Kräfte insbesondere dem Element Erde zugeschrieben, deshalb ist eine solche Wirkung in Steinen und Metallen besonders stark. Ihren persönlichen Stein können Sie nach Ihrem Geburtsmonat oder nach ihm zugeschriebenen Eigenschaften auswählen. Vergessen Sie nicht, dass jeder Mensch anders und sehr individuell auf die Energie der Steine reagiert. Deshalb empfehle ich, in aller Ruhe einen Stein auszuwählen, der bei Ihnen ein positives Gefühl auslöst, wenn Sie ihn in der Hand halten. Tatsächlich benötigen Sie als einfaches Amulett nicht einmal einen Edelstein; ein gefundener Stein aus dem Flussbett, den Sie unbedingt aufheben wollen, ist für dieses Ritual ebenso geeignet. Edelsteine binden allerdings stärkere Energien und sind empfehlenswert, wenn Sie ein ganz bestimmtes Ergebnis erzielen wollen. Zu Gledas Energie passen Peridot, Bergkristall und Rosenquarz besonders gut.

- Um den Stein zu reinigen, reiben Sie ihn kurz und vorsichtig mit Salz ab, spülen ihn unter fließendem Wasser und lassen ihn im Sonnenlicht trocknen.
- Ziehen Sie den magischen Kreis (siehe Seite 14f.), und entzünden Sie ein Bündel getrockneter Salbeistängel. Führen Sie Ihren Stein dreimal durch den Kräuterrauch.
- Halten Sie den Stein dann in der Hand, und visualisieren Sie, wie er als Sternschnuppe in Ihre Hand fällt und Gleda das Licht der Sterne in den Stein fließen lässt. Der Stein sollte zuerst von einem sanften Leuchten umgeben sein und mit der Zeit immer heller strahlen. Wenn die Lichtaura des Steins sich nicht mehr weiter verändert, ist er vollständig aufgeladen.
- Schließen Sie den Kreis.

DAS AMULETT FÜR GLEDA

Heilstein

Mit dem Stein aus dem Ritual erhalten Sie gleichzeitig Gledas Amulett. Tragen Sie es möglichst ständig bei sich. Sie können den Stein beispielsweise als Anhänger fassen; relativ einfach zu handhabende Klemmfassungen gibt es in Geschäften für Künstlerbedarf. Eine andere Aufbewahrungsmöglichkeit ist ein Beutel, den Sie mit einem Stern verzieren.

NAME
macht glücklich

BEDEUTUNG/ESSENZ
Heilung, Wachstum

(KERZEN-)FARBE
blassgelb

DUFT/PFLANZE
Lavendel, Aloe Vera

EDELSTEIN
Peridot

TAROTKARTE
Der Stern

ASTROLOGIE
Fische

BOTSCHAFT
Begegnen Sie Gleda, wenn Sie auf der Suche nach Ihrer persönlichen Glücksformel sind.

SPRICHWORT
Der Frosch, der im Brunnen lebt, beurteilt das Ausmaß des Himmels, der sich darüber wölbt, nach dem Brunnenrand. (mongolisches Sprichwort)

Am Teich erblicken Sie

Aislinn

Stehen Sie schon lange hier? Entschuldigen Sie, ich habe Sie gar nicht kommen sehen. Wenn das Mondlicht sich in diesem Teich spiegelt, verliere ich mich in den Bildern, die ich dort auftauchen sehe. Mein Name ist Aislinn, das ist Keltisch und bedeutet »Traum«. Das Reich der Träume ist mein liebster Aufenthaltsort. Dort ist alles möglich, es gibt keine Grenzen, und die Zeit ist aufgehoben. Meine Träume sind mein ureigenstes Paradies, mein inneres Zuhause und meine Wurzeln.

Um die Kraft der Träume ranken sich viele Mythen. Die australischen Ureinwohner haben ihre gesamte Schöpfungsgeschichte, die »Traumzeit«, auf der Vorstellung aufgebaut, ihre Ahnen hätten die ganze Welt träumend erschaffen. Sowohl in der christlichen Bibel als auch im Talmud kommt Träumen eine prophetische Bedeutung zu, und europäische Zigeuner sehen in Traumsymbolen das überlieferte Wissen ihrer Vorfahren. Ich bin sehr stolz auf meinen Namen und darauf, nach einer so starken Kraft benannt zu sein.

Träume sind ebenso wertvoll wie Taten: Ich sehe meine Ziele im Traum deutlich vor mir, ehe ich daran arbeite, sie zu erreichen. Andere Träume verwirkliche ich nicht, aber sie machen Spaß oder trösten. Ich muss zugeben, dass ich gegenüber den Menschen einen Vorteil habe: In der Anderswelt liegen Traum und Wirklichkeit nämlich viel näher beieinander. Es bedarf kaum mehr als eines Augenzwinkerns oder Glöckchenläutens, um Träume wahr werden zu lassen. Zuvor habe ich meine Wünsche im Traum anprobiert wie neue Kleider, um zu erfahren, ob sie zu meinem wahren Selbst passen. Die Liebe zur Wahrheit ist ein weiterer starker Wesenszug von mir, und diese Liebe hat mich oft vor der dunklen Seite des Träumens bewahrt. Damit meine ich nicht die Albträume, die uns in manchen Nächten heimsuchen. Albträume sind nichts anderes als Nachrichten aus unserem Inneren, die unsere Ängste widerspiegeln oder uns warnen wollen. Die dunkle Seite der Träume sind die Illusion und die Lebensuntüchtigkeit.

Erinnern Sie sich, wie Sie eben auf meine Lichtung gekommen sind? Ich habe Sie nicht bemerkt, weil ich selbstversunken war! Manchmal erliege ich auch der Versuchung, anstatt von Tatsachen zu sprechen, meine Träume zu erzählen, in denen ich schöner, klüger und erfolgreicher bin. Alles, wofür man eigentlich hart arbeiten muss, ist mir geradezu spielerisch leicht gefallen. Meine Berichte über abenteuerliche Erlebnisse tragen mir viel Bewunderung meiner Zuhörer ein, selbst wenn sie erfunden sind.

Zwei bittere Erfahrungen musste ich allerdings machen, ehe ich den richtigen Platz für meine Träume erkannt habe: Einmal verpasste ich den – sogar im Feenreich – seltenen Anblick eines Einhorns, weil ich meinen Tagträumen nachhing. Ein anderes Mal verlor ich eine gute Freundin, der ich eine meiner Traumgeschichten als wahr verkauft hatte. Sie fühlte sich von mir getäuscht und betrogen. Seither nutze ich die Kraft meiner Träume, um die Wahrheit zu erkennen. Die Bilder im spiegelnden Mondlicht kann ich nun uneingeschränkt genießen.

DAS WILLKOMMENSRITUAL FÜR AISLINN

Das Astraltor öffnen

Um Aislinn willkommen zu heißen, können Sie sie darum bitten, mit Ihnen auf eine nächtliche Traumreise zu gehen.

- Dazu benötigen Sie Aislinns Amulett und das Traumkissen, das Sie unter oder neben Ihr Kopfkissen legen. In Griffweite platzieren Sie Papier und einen Stift.
- Tun Sie an diesem Abend, bevor Sie zu Bett gehen, etwas, das Sie entspannt – das kann eine Meditations- oder Yogaübung sein, ein warmes Bad oder das genüssliche Schlürfen eines heißen Getränks, während Sie Ihre Gedanken schweifen lassen.
- Unmittelbar vor dem Einschlafen stellen Sie sich eine Tür vor, die ins Traumreich führt. Die Tür sieht genau so aus, wie man sich die Tür zu einem geheimnisvollen Ort vorstellen würde: aus schwerem, verwittertem Holz, von Efeuranken überwachsen, mit reich verzierten schmiedeeisernen Scharnieren und einem Schlüsselloch, in dem ein großer, verschnörkelter Schlüssel steckt. Drehen Sie den Schlüssel im Schloss, hören Sie, wie das rostige Metall quietscht. Ein heller Lichtschein blitzt auf. Jetzt könnten Sie die Tür langsam aufstoßen, doch tun Sie das nicht im Wachzustand! Konzentrieren Sie sich stattdessen darauf, welchen Teil des Traumlandes Sie besuchen möchten, und bitten Sie Aislinn, Sie dorthin mitzunehmen. Versuchen Sie, das Bild der sich öffnenden Astralpforte bis zum Einschlafen festzuhalten.
- Am nächsten Morgen schreiben Sie sofort nach dem Aufwachen alle Eindrücke auf, an die Sie sich noch erinnern können.
- Lesen Sie sie im Laufe des Tages durch, und denken Sie über die Botschaft nach, die Aislinn Ihnen im Traum geschickt hat.

DAS AMULETT FÜR AISLINN

Traumkissen

Traumkissen werden mit Kräutern gefüllt und sollen positive und prophetische Träume bringen. Sie brauchen einen kleinen Kissenbezug, fertig oder selbst genäht, sowie die folgenden Kräuter: 1 Tasse Hopfenblüten, 1 Tasse Rosenblüten, 1 Tasse Lavendelblüten, 1 Tasse Irisblüten und 1 zerstoßene Tonkabohne. Zerdrücken Sie die Kräuter und Blüten leicht, damit sie nicht knistern oder pieksen, wenn Sie darauf liegen. Füllen Sie Ihr Traumkissen im magischen Kreis, und verzieren Sie den Stoff mit Zeichnungen der Himmelskörper. Das Kissen kann direkt unter den Kopf gelegt werden oder unter das eigentliche Kopfkissen. Wenn es seinen Duft verliert, können Sie es mit Lavendelöl auffrischen. Wenn auch dieser Duft verflogen ist, sollten Sie es neu füllen.

NAME
Traum

BEDEUTUNG/ESSENZ
Hoffnung, Träume, Phantasie

(KERZEN-)FARBE
hellblau

DUFT/PFLANZE
Sandelholz, Lotus

EDELSTEIN
Opal

TAROTKARTE
Der Mond

ASTROLOGIE
Krebs

BOTSCHAFT
Begegnen Sie Aislinn, wenn Sie das Gefühl haben, Sie hätten das Träumen verlernt, oder wenn Sie die Botschaften aus dem Traumreich für sich deuten wollen. Aislinn ist ebenfalls eine geeignete Begleiterin, wenn Sie Traum und Realität auseinander halten wollen.

SPRICHWORT
Träume nicht dein Leben, lebe deine Träume. (Redensart)

Im Rosengarten finden Sie

Lakeisha

Willkommen in meinem Garten. Mein Name ist Lakeisha, das ist ein anderes Wort für Leben. Für mich ist die Keimzelle des Lebens die Familie: Ohne zu einer Gruppe zu gehören, die Schutz bietet und einem Kind die notwendigsten Fertigkeiten beibringt, kann man in der rauen Natur kaum überleben.

Mein Garten ist wie geschaffen für Familienfeste. In der Mitte befindet sich die große Wiese, auf der Spiele und Tänze stattfinden. Bei den Blumen lässt man sich dann behaglich nieder und sieht dem Treiben zu. Und zwischen den duftenden Rosensträuchern finden sich unzählige verborgene Nischen, in die man sich ungestört zurückziehen kann. Das ist das Wichtigste an einem harmonischen Familienleben: Es muss sowohl Raum für gemeinsame Aktivitäten geben als auch für die Privatsphäre jedes Einzelnen. Was das betrifft, unterscheiden sich Feenfamilien nicht allzu sehr von denen der Menschen. Sie unterscheiden sich lediglich darin, was die Individualität angeht. Unsere Familien sind sehr groß, regelrechte Clans. Unsere Zusammengehörigkeit besteht meist in einer elementaren Übereinstimmung, an der wir erkennen, wer zu uns gehört. Jedes Familienmitglied kann sich darauf verlassen, dass ihm von keinem anderen ernsthaft Gefahr droht – im Gegenteil: Hilfe ist ihm sicher. Ich glaube, die Menschen müssen an einem solchen Zusammenhalt ziemlich arbeiten. Dann jedoch können Sie viel Kraft daraus schöpfen, im Familienverbund unterschiedliche Wesenszüge und Talente zu vereinen und gemeinsam stark zu sein. Ich selbst fühle mich am wohlsten, wenn ich

Kontakt zu meinen Familienangehörigen habe. Der Zusammenhalt einer Familie umgibt den Einzelnen wie das warme, Leben spendende Licht der Sonne. Schützend wirkt die Gewissheit, dass die Sonne immer wieder aufgehen wird. Mich macht es glücklich, den Sonnenaufgang jeden Tag neu zu feiern. Den Sonnenaufgang als selbstverständlich hinzunehmen würde mir viel von meiner Lebensfreude rauben, und ich möchte doch keinen Anlass versäumen, mich zu freuen und etwas zu feiern. Darin liegt leider auch meine größte Schwäche: Am liebsten möchte ich immer alle um mich scharen und sie mit meiner Liebe überschütten. Das kann für den ein oder anderen erdrückend sein, oder er fühlt sich schuldig, wenn er sieht, wie enttäuscht ich bin, da er keine Zeit für mich hatte.

Der Garten zeigt mir, dass ich es nicht übertreiben soll: Meine Rosen blühen am üppigsten, wenn man sie mit Sorgfalt pflegt, nicht aber, wenn man ständig an ihnen herumschneidet. Sie brauchen die Möglichkeit, ihre Triebe zu entfalten und in Ruhe ihr morgendliches Taubad zu genießen.

NAME
Leben

BEDEUTUNG/ESSENZ
Familie, Geborgenheit, Gesundheit

(KERZEN-)FARBE
goldgelb

DUFT/PFLANZE
Sonnenblume

EDELSTEIN
Bernstein

TAROTKARTE
Die Sonne

ASTROLOGIE
Sonne

BOTSCHAFT
Begegnen Sie Lakeisha, wenn in Ihrem Leben gerade familiäre Themen eine große Rolle spielen. Dabei kann es um Zwistigkeiten gehen, aber auch darum zu erkennen, wer Ihre wahre Familie ist, was Sie ihr geben und was Sie von ihr zurückbekommen.

SPRICHWORT
Kinder, die man nicht liebt, werden Erwachsene, die nicht lieben. (Pearl S. Buck)

DAS WILLKOMMENSRITUAL FÜR LAKEISHA

Familienbande knüpfen

Lakeishas Ritual stärkt die Harmonie in der Familie und bringt Sie Ihrer Vorstellung von Familienglück ein Stückchen näher.

- Sammeln Sie dafür so viele Kieselsteine, wie es Mitglieder in Ihrer Wunschfamilie gibt. Dazu zählen nicht nur tatsächliche Blutsverwandte, sondern alle Menschen, die Ihnen so nahe wie Familienmitglieder stehen. Zusätzlich können Sie auch »Joker« in Ihre Wunschfamilie aufnehmen. Das sind Steine, die für Positionen stehen, die derzeit nicht besetzt sind – beispielsweise, wenn Sie sich ein Kind wünschen oder jemanden suchen, der in Ihrem Leben die Rolle eines großen Bruders einnehmen soll. Wählen Sie die Steine möglichst passend aus: Gibt es Eigenschaften, die Sie an die betreffende Person erinnern – Farbe, Form oder wie sich der Stein anfühlt, glatt, rau oder kühl? Schreiben Sie auf jeden Stein mit Goldstift den Namen oder ein Symbol für jedes Mitglied.
- Ziehen Sie den magischen Kreis (siehe Seite 14f.), und legen Sie die Steine kreisförmig auf dem Tisch aus. Sie sollen eng beieinander liegen, sich aber nicht berühren.
- Nehmen Sie ein etwa 50 Zentimeter langes Stück Band für jedes Familienmitglied. Jedes sollte eine andere Farbe haben. Für sich selbst nehmen Sie ein rotes Band.
- Knoten Sie die Bänder an einem Ende zusammen, und sagen Sie laut alle Namen oder ein Synonym wie »kleine Schwester«.
- Teilen Sie die Bänder in drei Stränge. Ihr rotes Band sollte den mittleren Strang bilden. Flechten Sie die Bänder zu einem Zopf, den Sie um die Kieselsteine legen.
- Ziehen Sie den Zopf vorsichtig zusammen, so bis dass sich alle Steine berühren, und sagen Sie dabei den folgenden Spruch:

  Wir sind verschieden und sind eins.
  Wir berühren uns, niemand durchbricht unseren Kreis.
- Stellen Sie sich vor, wie Lakeisha jedem Familienmitglied eine Rose aus ihrem Garten überreicht.
- Lösen Sie den magischen Kreis auf, und bewahren Sie die Steine bei sich auf.

DAS AMULETT FÜR LAKEISHA

Das Band der Familie

Das Band, das Sie im Willkommensritual geflochten haben, ist gleichzeitig das Amulett für Lakeisha. Weihen Sie es im magischen Kreis, und tragen Sie es entweder bei sich, oder hängen Sie es über Ihre Haustür.

Auf einer Waldlichtung begegnet Ihnen Renata

Ich bin Renata, die Wiedergeborene. Nein, damit ist nicht gemeint, dass ich tot war und jetzt in anderer Gestalt zurückgekehrt bin. Meine Wiedergeburt wiederholt sich kontinuierlich mit dem Kreislauf des Lebens: Es ist die spirituelle Erneuerung, die alle Erfahrungen und Veränderungen mit einschließt. Ich bin ein neues Geschöpf und trage doch die Summe all meiner Erlebnisse weiterhin in mir – ich bin gewissermaßen meine eigene nächste Generation.

Dazu gehört für mich auch, Rückschau zu halten und zu beurteilen, was ich aus meinen bisherigen Erfahrungen gelernt habe. Dabei bin ich selbst mein strengster Kritiker – vielleicht sogar zu streng. Es ist für mich jedoch entscheidend, dass ich selbst über mein Leben und Handeln richten kann. Ich versuche, ehrlich zu bewerten, wer ich bin. Ehrlichkeit mir selbst und anderen gegenüber ist vielleicht noch wichtiger als ein faires Urteil. Ohne einen Fehler als solchen zu erkennen und zumindest vor mir selbst einzugestehen, kann ich keine Lehre daraus ziehen. Ebenso kann ich meinen Sünden gegenüber nur tolerant sein, wenn ich daraus gelernt habe oder wenn wenigstens für andere dabei Gutes entstanden ist. So habe ich schon einmal einem Menschen ein paar unserer tiefsten Geheimnisse gezeigt, obwohl viele andere Feen der Meinung waren, er sei dafür noch nicht reif. Dass ich so eigenmächtig gehandelt habe, war nicht korrekt, aber mein Instinkt hat sich schließlich als richtig erwiesen. Der Mann ist heute ein wichtiger Botschafter für unser Feenreich! Trotzdem bin ich bemüht, mich an Absprachen zu halten und Risiken genauer zu beleuchten, denn es hätte in dem Fall statt großem Nutzen auch ein viel größerer Schaden entstehen können. Schließlich bin ich nicht allein in meiner Welt, sondern habe auch anderen gegenüber Verpflichtungen. Für diese Erkenntnis habe ich besonders lange gebraucht, denn mein Unabhängigkeitsdrang und mein Wunsch nach Individualität sind stark ausgeprägt. Ich habe bei der Verfolgung meiner eigenen Ziele die anderen regelrecht nicht mehr gesehen und beachtet. Erst als mir der Ausschluss aus der Feengemeinschaft drohte, wurde mir klar, wie wichtig es mir ist, zu dieser Gemeinschaft zu gehören.

Ein weiterer Teil meiner Wiedergeburt ist das Überwinden alter Schmerzen und das Ablegen alter Fesseln. Ich weiß, wann es an der Zeit ist, sich für Neues zu öffnen. Übrigens ist es nicht die Zeit, die alle Wunden heilt, aber im Zeitverlauf können wir erkennen, ob die Wunden lebensgefährlich waren oder doch eher kleine Kratzer. Ich habe festgestellt, dass die schlimmsten Erlebnisse oft zu besonders strahlenden Juwelen in der Schatztruhe der Erfahrungen werden können, denn gerade aus ihnen kann man sehr viel lernen, und sie prägen sich unauslöschlich ein. Wie bei echten Edelsteinen muss man sie jedoch zuerst ans Licht fördern und sie schleifen, bearbeiten, bewerten und einordnen. Ohne diese Arbeit wäre es keine echte Wiedergeburt, sondern nur eine endlose Schleife aus Wiederholungen.

DAS WILLKOMMENSRITUAL FÜR RENATA

Der Feengarten

Das Willkommensritual für Renata schafft in Ihrer Alltagsumgebung eine kleine Feenoase. Der Feengarten hilft, Ihren Kontakt zur Feenwelt zu vertiefen und immer wieder zu erneuern. Der Garten kann, wie Ihre Beziehung zu den Feen, wachsen und sich verändern.

- Sie brauchen dazu eine große Pflanzschale, die Sie mit Ornamenten, Runenzeichen und Blumen bemalen sollten. Ferner benötigen Sie Pflanzen, Kräuter, überhaupt alles, womit Sie den kleinen Garten schmücken möchten: Edelsteine, Muscheln, farbige Bänder, eine besonders hübsche kleine Dose, die Sie als »Schatztruhe« verwenden, kleine Feenfigürchen und Kristalle. Wichtig ist, dass man dem kleinen Garten anmerkt, dass er mit Liebe und Sorgfalt gestaltet wurde.
- Kräuter, die Feen lieben und auf keinen Fall in Ihrem Gärtchen fehlen sollten, sind vor allem Thymian, Rosmarin und Lavendel. Auch Stiefmütterchen, Primeln, Maiglöckchen, Zwergrosen und Klee sind gut geeignet. Eine der typischsten Feenpflanzen ist der Fingerhut, der jedoch giftig und daher nicht für ein Umfeld mit kleinen Kindern oder Haustieren geeignet ist.
- Legen Sie den Garten im magischen Kreis an (siehe Seite 14f.), und achten Sie dabei darauf, dass sowohl Sonnen- als auch Mondstrahlen auf ihn fallen können.
- Stellen Sie hin und wieder kleine Gaben wie Milch und Kekse neben die Schale. Aber vor allem: Verändern Sie regelmäßig etwas, und fügen Sie Neues hinzu, damit die Feen erkennen, dass Ihr Interesse und Austausch mit ihnen etwas Lebendiges ist, das wächst und niemals still steht.
- Weihen Sie den Garten ein, indem Sie den magischen Kreis ziehen, Räucherwerk entzünden und laut Ihre Absichten sagen. Sprechen Sie beispielsweise:

  Ich bin ein Kind der Erde und suche die Freundschaft mit dem Feenreich, um Wissen zu empfangen und Wissen zu geben.

NAME
die Wiedergeborene

BEDEUTUNG/ESSENZ
neue Chancen, Berufung, Erfahrungsschatz

(KERZEN-)FARBE
silber

DUFT/PFLANZE
Benzoe, Akazie

EDELSTEIN
Aquamarin

TAROTKARTE
Das Gericht

ASTROLOGIE
Wassermann

BOTSCHAFT
Begegnen Sie Renata, wenn Sie in Ihrem Leben an einem Wendepunkt stehen und Bilanz ziehen wollen, oder wenn Sie ein einschneidendes Erlebnis hatten, aus dem Sie geläutert und gereift hervorgegangen sind bzw. hervorgehen möchten.

SPRICHWORT
Aufsteigen wie Phönix aus der Asche. (ägyptische Mythologie)

DAS AMULETT FÜR RENATA

Feenglöckchen

Feenglöckchen werden benutzt, um einen Ruf an die Feen zu senden. Als Amulett symbolisieren sie den Ruf zu Neuem. Entsprechend der Tradition, dass Eisen unangenehme Assoziationen zumindest für Feenwesen hervorruft, sollten Sie eine Glocke aus Messing, Kupfer oder Silber auswählen. Meine eigene Glocke hat die Form einer Blüte, um die Nähe zur Natur zu betonen. Weihen Sie die Glocke bei der Einweihung des Feengartens, indem Sie sie leicht mit Speise- oder Aromaöl einreiben und durch den Weihrauch führen. Läuten Sie sie dreimal, wann immer Sie das Gefühl haben, dass Sie erneuert aus einer Erfahrung hervorgegangen sind.

Zu Hause treffen Sie

Audris

Ich bin Audris und mein Name bedeutet »Reichtum«. Damit verbinde ich den inneren Reichtum, den ich gefunden habe, indem ich meinen eigenen Weg gegangen bin und mich selbst verwirklicht habe. Ich bin die, die sich ohne Maske zeigt. Ich kann die Maske abnehmen, weil ich mich selbst gefunden habe und so stolz darauf bin, dass ich mein ureigenstes Gesicht der Welt gerne präsentieren möchte.

Die Frage, der ich mich auf diesem Weg immer wieder stellen musste, war die nach meinem innersten Wesen und seinen Bedürfnissen – was gehört so untrennbar zu meinem Ich, dass ich keine Kompromisse dulden darf? Die wahre Bestimmung zeigt sich bei denen deutlich, die eine Berufung spüren. Bei mir ist das nicht so, ich musste lange danach suchen, was für mich wichtig ist. Seitdem spüre ich mein Zuhause in mir selbst. Die Vermutung liegt nahe, somit überall zu Hause zu sein, aber das stimmt nicht: Zu Hause bin ich nur, wo ich auch ich selbst sein kann. Überall dort, wo ich das nicht kann, fühle ich mich nach wie vor fremd. Das sind vor allem die Orte, an denen die Natur, die uns umgibt, zerstört und missbraucht wird. Es sind aber auch Orte, an denen unsere eigene Natur unterdrückt wird: durch Einschränkungen, Fesseln oder Verbote. Ich brauche viel Raum zum Atmen und könnte keine Form der Gefangenschaft ertragen. Das ist der Punkt in meinem Wesen, bei dem ich keine Abstriche machen kann: Jede Kreatur sollte die Freiheit haben, sich zu entwickeln und zu verwirklichen. In der Natur geht das so weit, dass es Ihnen vielleicht grausam erscheinen mag: Aber ein Raubtier darf man nicht an der Jagd hindern. Einen Vogel muss man fliegen, einen Maulwurf Gänge graben lassen. Und eine Fee braucht die Möglichkeit, sich zwischen den spirituellen Ebenen bewegen und ihre Magie einsetzen zu können. Die Erfüllung ist der Moment, in dem sich ein Kreis schließt. Er ist jetzt vollkommen, einen Augenblick lang. Das Gefühl des Einsseins mit der Welt ist leider kein Zustand, der anhält. Ich stehe auf dem Gipfel eines Berges, und weil ein Gipfel nur ein winzigkleines Stück Bodenfläche bietet, kann man sich nicht darauf bewegen. Der Kreislauf wird wieder von neuem beginnen. Deshalb genieße ich diesen Augenblick der Höhe und der Erfüllung mit jeder Faser meines Wesens – ich spüre den Wind, der hier oben völlig frei weht, und genieße den Anblick der Welt zu meinen Füßen. Ich bin vollkommen frei. Ich bin angekommen.

DAS WILLKOMMENSRITUAL FÜR AUDRIS

Krafttier finden

RITUAL

Die Arbeit mit Krafttieren ist vor allem bei keltischen Schamanen und den amerikanischen Ureinwohnern verbreitet. Auch die australischen Aborigines haben bestimmte Tiere, die zu einer Person gehören und sie auf ihrem spirituellen Weg begleiten. Ein Krafttier ist ein wunderbares Medium, um sein eigenes Potenzial zu erkennen und zu fördern und letztlich zu sich selbst zu finden. Manche Menschen haben mehrere Krafttiere gleichzeitig oder nacheinander, andere nur ein einziges. Je intensiver man mit seinem Krafttier arbeiten möchte, desto mehr Vorkenntnisse sind nötig. Doch schon eine erste kurze Begegnung mit einem Kraft- oder Totemtier kann Ihnen viel über Sie selbst enthüllen.

- Um Ihrem Krafttier zu begegnen, ziehen Sie den magischen Kreis (siehe Seite 14f.).
- Die Auswahl des Räucherwerks ist sehr wichtig: Nehmen Sie Ihren Lieblingsduft, egal für welchen Ritualtyp dieser normalerweise empfohlen wird.
- Sie benötigen außerdem eine Schale mit pflanzlichen Fundstücken aus der Natur, z.B. Steine, Blätter, besonders geformte Holzstücke oder einen Tannenzapfen. Sammeln Sie diese Fundstücke auf einem Spaziergang, den Sie eigens für dieses Willkommensritual unternehmen sollten. Wenn Sie schon einen Medizinbeutel besitzen, legen Sie ihn ebenfalls in die Schale.
- Konzentrieren Sie sich jetzt darauf, Ihr Tier zu rufen. Signalisieren Sie Ehrlichkeit und die Bereitschaft, alle Seiten Ihres Charakters, auch diejenigen, mit denen Sie weniger zufrieden sind, offen zu zeigen. Vor Ihrem inneren Auge wird eine Landschaft entstehen, in der Sie Ihr Tier treffen können – eine Waldlichtung, eine Küste, Steppe oder Wüste. Beim ersten Mal sehen Sie das Tier vielleicht noch nicht, sondern es erzählt Ihnen nur von seinen Eigenschaften.
- Wenn Sie die Übung regelmäßig wiederholen, werden Sie das Tier sehen können und seinen Namen erfahren. Fragen Sie es nach seinem Rat und seiner Botschaft. Als Gegenleistung erzählen Sie, wie der Rat sich für Sie ausgewirkt hat und was Sie gelernt haben.

NAME
Reichtum

BEDEUTUNG/ESSENZ
Selbstverwirklichung, Vollkommenheit

(KERZEN-)FARBE
gold

DUFT/PFLANZE
Haslenuss, Zimt

EDELSTEIN
Bergkristall

TAROTKARTE
Die Welt

ASTROLOGIE
Uranus

BOTSCHAFT
Begegnen Sie Audris, wenn Sie zu sich selbst finden oder Ihre Berufung erkennen möchten. Audris kann Ihnen helfen, Ihre innersten Bedürfnisse zu enthüllen.

SPRICHWORT
Wer sich überall zu Hause fühlt, ist nirgends daheim. (russisches Sprichwort)

DAS AMULETT FÜR AUDRIS

Krafttieranhänger

AMULETT

Kaufen oder fertigen Sie einen Anhänger, der Ihr Krafttier darstellt. Ein fertiger Schmuckanhänger ist am unaufwändigsten, die meiste Kraft steckt jedoch in einem selbst gestalteten Objekt.

Wie es weitergeht

Remember, each journey into Faery is complete only when we come home again and make human sense of faery nonsense, passing on or making use of whatever we have learned.
(Brian Froud in Faerie Oracle)

Sie sind einer oder mehreren Feen begegnet und haben die Magie der Anderswelt kennen gelernt. Das war nur der erste Schritt, denn das Feenreich bietet unvorstellbar viele Möglichkeiten, neue Erfahrungen zu sammeln und den Horizont zu erweitern, so wie das bei jeder Begegnung mit etwas Neuem und Unbekanntem der Fall ist. Der besondere Reiz dieser Welt liegt nicht zuletzt darin, dass wir dort unserem kindlichen Ich am nächsten kommen. Hoffentlich ist Ihr Leben bereichert worden, und Ihr Wunsch, immer wieder zu den Feen zurückkehren zu können, geht in Erfüllung.

Jour fixe mit einer Fee

Eine schöne Methode, im hektischen Alltag nicht die Zeit für Feenkontakte aus den Augen zu verlieren, ist die Einrichtung eines festen Feentages. Das kann beispielsweise der Abend vor einem Vollmond sein, ein beliebiger Sonntag im Monat oder ein anderer Tag, der Ihnen dafür passend erscheint. Wichtig ist, dass es ein bestimmter, von Ihnen festgelegter Tag ist. Auf diese Art wird der Feentag für Sie zu etwas Besonderem, und das wirkt sich auf den Kontakt zur Feenwelt durchaus positiv aus. Widmen Sie den Feen an diesem Tag mindestens eine Stunde. Entzünden Sie Kerzen, und stellen Sie die schon beschriebenen Gaben wie Honig, Milch und Kekse vor die Tür.
Sie brauchen nicht unbedingt ein Ritual durchzuführen, es ist ebenso angemessen, einen Spaziergang durch die Natur oder die viktorianische Abteilung des Kunstmuseums zu unternehmen; Sie können auch einfach meditieren. Lesen Sie ein Märchen, oder arbeiten Sie an einem kreativen Projekt, das mit Feen zu tun hat. Tun Sie das, was Ihnen Spaß macht. Vielleicht werden sich die Feen dann sogar ganz unerwartet zu Ihnen gesellen.

Die Freundschaft zu Ihrer Fee pflegen

Um die Beziehung zum Feenreich aufrechtzuerhalten und zu vertiefen, ist ein regelmäßiger Kontakt notwendig. Selbst wenn Sie gerade nicht den direkten Austausch zu einem bestimmten Feenwesen wünschen, sollten Sie mit ihrer Welt in Verbindung bleiben. Vergessen Sie nicht, Feen haben kein Zeitverständnis, das mit dem unseren vergleichbar wäre. Auch ihre Wertvorstellungen unterscheiden sich in vielerlei Hinsicht von denen der Menschen. So können Sie sich mit einer Fee beispielsweise nicht für den nächsten Donnerstag verabreden! Im Feenreich existiert nur die Gegenwart, wenngleich es eine Art von Gegenwart ist, in der Vergangenheit und Zukunft miteinander verknüpft sind. Der einzige Weg, mit dieser Welt in Verbindung zu treten, ist Ihre persönliche Präsenz.
Für die Häufigkeit gibt es keine Richtlinien. Wie bei einer Freundschaft unter Menschen sollten Sie sich nur melden, wenn Sie wirklich das Bedürfnis dazu verspüren. Wenn dies allerdings seltener als einmal im Monat der Fall ist, denken Sie darüber nach, ob Sie sich im Kontakt mit Feenwesen wirklich wohl fühlen oder ob Sie vielleicht nur einen anderen Feenbegleiter suchen möchten.

Ihre Fee rufen

Sie können eine Fee, der Sie begegnet sind, grundsätzlich jederzeit kontaktieren. Am einfachsten funktioniert das mit Hilfe des Amuletts, indem Sie sich auf die individuelle Energie der Fee konzentrieren. Es gibt jedoch keine Garantie dafür, dass die Kontaktaufnahme in jedem Fall erfolgreich sein wird. Manchmal ist der Zeitpunkt vonseiten der Fee ungünstig, oder Sie selbst sind nicht in entsprechender Stimmung, die Sie brauchen, um in die Anderswelt eintreten zu können. Lassen Sie sich davon nicht entmutigen, versuchen Sie aber auch nicht, den Kontakt zu erzwingen. Es ist besser, zu einem späteren Zeitpunkt von vorn anzufangen. Ein erzwungener Kontakt wird als beleidigend betrachtet, und Sie könnten die Fee dauerhaft verprellen.

Das Amulett aufladen

Je häufiger Sie Ihr Amulett benutzen und bei sich tragen, desto länger bleibt die Energie des Willkommensrituals darin erhalten. Nach längerer Zeit des Wartens oder in der Sie sich selbst schlecht gefühlt haben, ist es trotzdem sinnvoll, das Amulett neu aufzuladen.

- Dazu brauchen Sie Papier, am besten Pergament oder Hand geschöpftes mit Blütenblättern, und einen Amethyst.

• Ziehen Sie den magischen Kreis (siehe Seite 14f.).
• Schreiben Sie auf das Papier alle Begriffe, die Sie mit der entsprechenden Fee assoziieren, in loser Abfolge oder auch in Form eines Gedichts oder Reims. Nennen Sie Ihren ursprünglichen Wunsch, warum Sie gerade diese Fee kontaktieren wollten, und Ihre Hoffnung, wie sich die Beziehung entwickeln wird.
• Wickeln Sie Ihr Amulett in das Papier, legen Sie den Stein darauf, und lassen das Päckchen über Nacht auf dem Fensterbrett liegen, am besten bei Vollmond oder im Licht des zunehmenden Mondes. Wenn Sie möchten, wiederholen Sie das Willkommensritual und weihen das Amulett neu.

Kontakt zu anderen Feen

Regelmäßige Besuche in der Anderswelt werden wahrscheinlich dazu führen, dass Sie früher oder später auch anderen Feengeschöpfen begegnen. Die Anwesenheit von Feen zu erkennen ist für viele von uns zunächst nicht ganz einfach, da wir es gewohnt sind, hauptsächlich unsere visuellen und auditiven Sinne einzusetzen, um uns in der Welt zu orientieren. Doch das sind genau die Sinne, mit denen sich Feen am schwersten wahrnehmen lassen. Sie sollten also Ihren sechsten Sinn dafür einsetzen, mit dem man Unsichtbares erkennen kann. Sie entwickeln ihn, wenn Sie alle anderen Sinne möglichst intensiv und bewusst einsetzen. Viele unbekannte Feen, auf die Sie treffen, wirken vielleicht gleichgültig oder sogar feindselig. Lassen Sie sie in Ruhe. Warten Sie immer darauf, dass das Feenwesen auf Sie zukommt.

Am leichtesten fällt die Kontaktaufnahme, wenn Sie sich in eine entspannte, aufnahmebereite Stimmung versetzen. Folgende Vorgehensweisen haben sich bei meinen eigenen Besuchen bei den Feen bewährt:
• Versuchen Sie nur, die Feenwelt zu kontaktieren, wenn Sie sich in einer gelösten Stimmung befinden. Wenn Sie verkrampft sind, ist ein Erfolg unwahrscheinlich, und Sie fühlen sich frustriert. Wenn Sie selbst gereizt sind und negative Energien ausstrahlen, besteht die Gefahr, dass Sie auch ein negatives Pendant aus der Anderswelt anziehen.
• Erinnern Sie sich an einen besonders schönen Augenblick, am besten an eine erfüllende Feenbegegnung oder an einen Ort, der für Sie eine spezielle Magie besitzt. Es spielt dabei keine Rolle, ob er sich in der Natur oder in einem Gebäude befindet. Das Wohlbefinden und das Bewusstsein, sich an einem für Sie persönlich besonderen Ort zu befinden, können Sie als Gefühl mit in die Anderswelt hinübernehmen und sich so einen festen Platz dort schaffen, von dem aus Sie Ihre Reisen beginnen.
• Kreativität ist eine der wunderbarsten Möglichkeiten, Feen anzuziehen. Die schöpferische Energie, die Sie dabei freisetzen, wirkt wie ein Lockruf. Zusätzlich verstärkt wird diese Wirkung, wenn Sie mit natürlichen Materialien arbeiten, z.B. mit Edelsteinen, Fundstücken aus der Natur oder Ton. Oder wenn Ihr künstlerisches Projekt direkt mit der Feenwelt zu tun hat, können Sie Ihre Fee zeichnen, eine Feengrotte aus Kristallen bauen oder Ihre Eindrücke aus dem Feenreich in Gedichtform festhalten.

Mit allen Sinnen

Je intensiver Sie alle Ihre Sinne nutzen, umso leichter wird es Ihnen fallen, die feinstoffliche Ebene wahrzunehmen. Gewöhnen Sie sich daran, dass es in erster Linie nicht darum geht, zu hören oder zu sehen und Ihre Eindrücke sofort zu klassifizieren. Nehmen Sie die Eindrücke mit allen Sinnen wahr, und versuchen Sie, rationale Interpretationen beiseite zu lassen. Fast alles, was wir in unserem Erwachsenenleben gelernt haben, passt nicht zu dem, was wir im Feenreich erleben werden.
Trainieren Sie ganz gezielt Ihre Wahrnehmungsfähigkeit. Mit den folgenden Übungen können Sie spielerisch Ihre Sinne weiterentwickeln:

Blätter und Früchte erkennen

Sammeln Sie auf einem Spaziergang verschiedene Blätter, Tannenzapfen und Beeren, oder kaufen Sie im Supermarkt Kräuter, Nüsse und kleine Früchte wie z.B. Kumquats. Legen Sie alles zusammen in einen Korb. Verbinden Sie Ihre Augen, und greifen Sie sich etwas aus dem Korb, und benutzen Sie nur Ihre Hände, um zu erkennen, was es ist. Ertasten Sie die Umrisse und Strukturen der Blätter, fühlen Sie die feinen Äderchen, erspüren Sie, ob die Frucht hart oder nachgiebig ist und sich ihre Haut rau oder vielleicht glatt anfühlt. Wenn Sie das Gefühl haben, das Stück in- und auswendig zu kennen, öffnen Sie Ihre Augen wieder, und betrachten Sie es bewusst. Riechen Sie daran. Bringen Sie alle neuen Eindrücke mit dem Wissen, das Sie schon vorher über die Frucht hatten, in Verbindung, und verschaffen Sie sich ein neues, umfassenderes Bild.

Anwesenheit erspüren

Für diese Übung brauchen Sie mindestens eine weitere Person, die Ihnen behilflich ist. Verlassen Sie den Raum, und entfernen Sie sich so weit, dass Sie nicht hören können, was dort geschieht, gegebenenfalls setzen Sie sich einen Kopfhörer mit Musik auf. Nach zwei bis drei Minuten gehen Sie mit geschlossenen oder verbundenen Augen in den Raum zurück.

Lebewesen orten/Aura erkennen

Diese Übung funktioniert am besten mit einem Haustier, weil dessen Energiemuster sich deutlich von dem eines Menschen unterscheidet. Berühren Sie das Haustier, und konzentrieren Sie sich darauf, seine Aura zu spüren. Es gibt Menschen, die in der Lage sind, die Aura als Farbfeld um ein anderes Lebewesen herum zu sehen; dies erfordert normalerweise eine gewisse Erfahrung und ein spezielles Training der Sehgewohnheiten. Es macht nichts, wenn Sie bei Ihrer Übung nicht die gemeinhin bekannte Aura erkennen können, sondern es kommt darauf an, das besondere Energiemuster des Lebewesens zu erfassen. Wenn Sie das Gefühl haben, sich in gewisser Weise auf die Wellenlänge des anderen Wesens eingestimmt zu haben, verlassen Sie den Raum. Setzen Sie sich bequem und entspannt auf den Boden. Konzentrieren Sie sich darauf, das Energiemuster zu spüren. Wo hält das Tier sich auf? Können Sie es fühlen, vielleicht sogar (hell-) »sehen«? Versuchen Sie, seinen Bewegungen zu folgen. Lassen Sie sich nicht entmutigen, wenn Sie mit dieser Übung nicht sofort Erfolg haben. Wiederholen Sie sie häufig, denn Anwesenheiten nicht nur zu spüren, sondern sogar unterscheiden zu können ist eine ungemein nützliche Fähigkeit für die Arbeit mit der spirituellen Welt.

Element-Meditation

Feen sind eng mit den Urkräften der Natur verbunden. Um ihr Wesen besser zu verstehen, können Sie sich mit den vier Elementen Feuer, Erde, Wasser, Luft vertraut machen. Beschäftigen Sie sich etwa eine Woche lang mit jedem Element: Sammeln Sie typische Adjektive, die es beschreiben (Beispiel für Feuer: heiß, lodernd, flammend, glühend, prasselnd, leuchtend usw.). Stellen Sie sich das Element in all seinen Ausprägungen vor. Denken Sie darüber nach, in welchen Stoffen und gedanklichen Konzepten das Element vielleicht als Verbindung mit anderen Elementen enthalten ist (beispielsweise Rauch als Verbindung von Feuer und Luft, Dampf als Verbindung von Feuer und Wasser). Stellen Sie Bilder zusammen, die das Element in seinen unterschiedlichen Gestalten zeigen, machen Sie eine Collage daraus, oder schaffen Sie eine eigene Darstellungsform. Am Ende der Woche nehmen Sie sich Zeit für eine Meditation zum jeweiligen Element. Gehen Sie dabei ähnlich vor wie bei der Anrufung der Elemente für den magischen Schutzkreis, aber beziehen Sie die Wirkung der Elemente stärker auf sich selbst, werden Sie sozusagen ein Teil davon. Visualisieren Sie dazu folgende Bilder und Situationen:

FEUER

Das Feuerelement ist ein Ausdruck reiner Willenskraft und vitaler, dynamischer Energie. Stellen Sie sich vor, wie Ihr Wille sich in eine Flamme verwandelt, die Herzen entflammt, als Lavastrom Hindernisse mit sich reißt und als Herdfeuer Ihr Zuhause erwärmt. Unterstützen Sie die Bilder, indem Sie sich mit Kerzen umgeben oder in ein Kaminfeuer blicken.

LUFT

In der Luft drücken sich die oft schwer greifbaren, flüchtigen, aber auch klärenden Ideen der geistigen Welt aus, die schnelle Diffusion wird mit Kommunikation verbunden. Lassen Sie Ihre Gedanken als betörenden Windhauch verführen und als stürmische Böe rasche Verbreitung finden. Reiten Sie den Sturm wie einen Drachen. Zur Unterstützung entzünden Sie Räucherwerk und beobachten, wie die Rauchschwaden sich verteilen.

WASSER

Das Element Wasser steht für Emotionen, Intuition und psychische Kräfte. Es besitzt eine verbindende, magnetische Qualität. Spüren Sie Ihre Gefühle als ruhigen, stetigen Strom, verletzte und aufgebrachte Gefühle als aufgewühlte Wellen und die Leidenschaft als eine Sturmflut, die Sicherheiten fortspült und das Leben auf den Kopf stellt. Blicken Sie in eine Schale mit Wasser, und fühlen Sie Ihre psychischen Kräfte.

ERDE

Die Erde ist das im wahrsten Sinne des Wortes greifbarste der Elemente. Ihr ist die gesamte Materie zugeordnet, aber auch der Wandel, wenn die Materie unterschiedliche Aggregatszustände annimmt. Spirituell steht die Erde für den Kreislauf des Lebens. Die wirkungsvollsten Erdmeditationen beinhalten, dass Sie sich im Geist tief in die Erde versenken, tiefer und tiefer durch alle Schichten in Sie eindringen: Humus und Gartenerde sind weich, feucht und von intensivem Geruch, mineralische Schichten hingegen hart und spröde, aber voller Schätze. Der Kern der Erde schließlich ist heiß und flüssig. Betrachten und berühren Sie alle Schichten, die Sie auf Ihrem Weg ins Erdinnere passieren. Tauchen Sie dann langsam wieder auf, und durchqueren Sie die Schichten in umgekehrter Reihenfolge. Die Wirkung der Meditation wird verstärkt, wenn Sie dabei einen Stein in der Hand halten.

Aus einem unguten Feenkontakt aussteigen

Das Feenreich ist von einer Vielfalt unterschiedlichster Wesen bevölkert. Viele zeigen Menschen gegenüber eine freundliche Neugier, einige weisen so starke spirituelle Ähnlichkeit mit uns auf, dass ein fruchtbarer Austausch möglich wird. Andere wiederum haben eine Vorliebe für Schabernack und relativ harmlose Streiche, und für einen sehr großen Teil sind Menschen vollkommen gleichgültig und uninteressant. Nur wenige Feen sind für einen Menschen, der einen kühlen Kopf bewahrt, wirklich gefährlich. Eine unangenehme Begegnung lässt sich meist ähnlich abbrechen wie ein Albtraum: Seien Sie sich dessen bewusst, dass Sie jederzeit gehen können. Fühlen Sie sich als Herr der Situation, und treten Sie auch so auf, ohne dabei jedoch beleidigend zu werden.

Schutz vor Feen im volkstümlichen Aberglauben

- Feen hassen Eisen, daher sollte man ein gusseisernes Gefäß neben sein Bett stellen.
- Schutz vor Feen gewährt ein in der rechten Tasche getragener Eisennagel.
- Ein Glas mit den Splittern eines zerbrochenen Spiegels soll ein wirksames Abschreckungsmittel sein.
- Man soll die Kleider mit der Innenseite nach außen tragen.
- Knoblauchzehen über der Bettstatt vertreiben Feen ebenso wie Vampire.
- Ein vierblättriges Kleeblatt kann jeden Feenzauber brechen.
- Ein Reisigbesen vor einer Fenster- oder Türöffnung verhindert das Eindringen von Feen.
- Der Klang eines Windspiels aus Metall oder Ton soll alle Arten böser Geister verjagen.
- Wer den wahren Namen einer Fee erkennt (wie bei Rumpelstilzchen), erlangt Macht über sie.
- Böse Geister können nicht über einen fließenden Wasserlauf folgen.
- Feen lieben Butter. Ein glühendes Kohlestück ins Butterfass zu werfen sollte Diebstähle verhindern.
- Feen, die man aus einer Eierschale trinken lässt, müssen Befehle ausführen.
- Es ist sicherer, einen Feenring zu betreten, wenn man vorher einen Handschuh hineingeworfen hat.
- Schmutzwasser vor die Tür zu schütten verscheucht Feen.
- Durch lautes Klatschen und Scheppern kann man Feen aus dem Haus treiben.
- Reiskörner oder Mohnsamen haben angeblich die Wirkung, dass die Fee versucht, sie einzeln aufzuklauben, und sich verärgert davonmacht.

Schutzzauber

Besser geeignet als die oben genannten Methoden ist ein Schutztalisman, den Sie bei sich tragen. Dazu verwenden Sie Beifuß, Sandelholz und einen roten Jaspis und binden diese in ein weißes oder goldenes Tuch. Weihen Sie dies alles im magischen Kreis. Meistens sind der Schutzkreis und Ihr Feenamulett als Zeichen der Freundschaft zum Feenvolk als Schutz bereits ausreichend.

Gehen Sie mit sehendem
Herzen durch die Welt
des Wunderbaren.

Ihre Morwenna

Über die Autorin
Morwenna ist im Odenwald aufgewachsen und hat seit ihrer Kindheit Kontakt mit Elfen und Feen. Sie publiziert zum Thema Tarot und ist aktive Rollenspielerin.

Hinweis
Das vorliegende Buch ist sorgfältig erarbeitet worden. Dennoch erfolgen alle Angaben ohne Gewähr.
Weder Autorin noch Verlag können für eventuelle Schäden, die aus den im Buch gegebenen Hinweisen resultieren, eine Haftung übernehmen.

Bildnachweis
Die Illustrationen der Feen stammen von Christian M. Weiß, München
www.whitepage.de
Alle übrigen Illustrationen von Regina Bocek, München
www.bocek.de

Impressum

Redaktion
Karin Stuhldreier, Christian Wolf

Projektleitung
Karin Stuhldreier

Umschlaggestaltung
R.M.E. Eschlbeck/Kreuzer/Botzenhardt unter Verwendung eines Motivs von Christian M. Weiß

DTP/Satz/Layout/Illustration
Christian M. Weiß, Regina Bocek

Produktion
Angelika Kerscher, Gabriele Kutscha

Lithografie
lithotronic media gmbh, Frankfurt

Druck und Bindung
L.E.G.O., Vicenza

Printed in Italy

Gedruckt auf chlor- und säurearmem Papier

ISBN 978-3-517-08300-1

51130103X817625344536271